U0025139

天下文化

BELIEVE IN READING

你是誰，比你做什麼更重要

英國管理大師韓第寫給你的21封信

查爾斯・韓第——著

齊若蘭——譯

Charles Handy

21 Letters on Life and Its Challenges

CONTENTS

CONTENTS

這些信要留給我的孫兒：

利奧（Leo）、山姆（Sam）、內弗（Nephew）、史嘉蕾（Scarlett）

一開始，這些信就是要寫給你們

編者附言

當代著名的英國思想家查爾斯．韓第（Charles Handy）著述豐富。天下文化曾先後出版過他的十一本著作。經過嚴格的挑選，將四本經典改版，呈顯出二十年來他思考的軌跡。

一、《覺醒的年代》（一九九四）

二、《大象與跳蚤》（二〇〇二）

三、《你拿什麼定義自己》（二〇〇六）

四、《第二曲線》（二〇一五）

同時推出他的最新著作：《你是誰，比你做什麼更重要：英國管理大師韓第寫給你的21封信》（*21 Letters on Life and Its Challenges*）。我們將他前後的五本著作合成「韓第專輯」，減少讀者遺珠之憾，並邀請與他相知甚深的高希均教授主筆導讀。

總導讀

英國韓第大師的思潮縮影——展開「閱讀韓第」心靈之旅

美國威斯康辛大學榮譽教授　高希均

（一）英格蘭小鎮的田園景色

「從我寫作的房間可以遠眺英格蘭東部的田野與森林。這真是抒情詩一般的田園景致，只等待後代如康斯塔伯（John Constable，英國畫家）般的畫家用油彩把它捕捉下來。看著古老的照片，你會覺得眼前的景色跟一百年前一模一樣，有些事物是不會變的。」

是這段話的引誘，使我要去探訪這個景色。十七年前（二〇〇三）的九月下旬，從倫敦坐火車出發，一個半小時後，到達了這座田園之美的小鎮諾福克（Norfolk）。迎接我的，就是主人韓第夫婦（Charles and Elizabeth Handy）。

坐在那一大片落地窗的書房中，望著窗外那無邊的田野與綿延的森林，那是一種人生的美；討論著伊拉克的砲火與落後地區的貧窮，那是一種現實的痛。韓第不是一個悲觀主義者，他以歐盟為例，指出「經濟繁榮代替了戰爭夢魘」。他驕傲的說：「我不只是愛爾蘭人、英國人，我是歐洲人。」

韓第先生親自下廚，豐盛的午餐後，夫人端出她調製的愛爾蘭咖啡，話題轉到他的寫作計畫，他走近書桌，拿出一疊稿件，微笑的給我：「這是我不久前為BBC每週一次所播講的手稿，尚未出版過。它們是討論當前世界上十三位重要的管理大師。如果你覺得合適，可以譯成中文出版。」

這樣的驚喜，是他送給「天下文化」以及華文世界讀者最珍貴的禮物。一年後以《大師論大師》在台北首印出版。

（二）韓第比政府更能改變世界

年已八十八歲的韓第，他晚年的聲譽始終未減。他近二十本著作、《哈佛商業評論》的文章、ＢＢＣ的廣播評論、重要的主題演講，使他贏得了大西洋兩岸的讚賞。他曾在二〇〇二年十一月應「天下文化」及「遠見」之邀專程來台演講，引起了熱烈的迴響。

學術界與媒體常用各種稱呼表達對他的尊敬：「企業思想家」、「出色的教授」、「真正內行的專家」，還有人尊稱他是「英國的國寶」。我猜想他歡喜被稱為「社會哲學家」或「組織行為專家」。

對他的最大讚賞應當是：「在現實生活中，韓第比政府更能改變這個世界。」

韓第的一生充滿了豐富的經歷：愛爾蘭都柏林牧師家庭的童年、牛津攻讀，進入在新加坡的皇家殼牌石油公司，期間又去美國MIT讀管理，嚮往大企業（亦即大象）所提供的安定與舒適，曾在倫敦商學院任教，最後終在四十九歲，下定決心脫離大象，做一個獨立工作者（亦即跳蚤）。

面對網路世界，英國《經濟學人》列舉了十項「管理要領」：速度、人才、開放、合作、紀律、溝通良好、內容管理、關注客戶、知識管理、以身作則。

韓第感慨的說：「這不正是我過去三十年來一再強調的嗎？」知道這些不難，要徹底執行就不容易。

（三）「財富正義」密不可分

晚年的著述是揉合了市場經濟、企業文化與人道觀點，低聲的在提倡營利，大聲的在鼓吹對人的尊重。從他那典雅與親切的文字中，浮現出的是一位溫和、理性、熱情、博愛的愛爾蘭理想主義者，而非冷漠自負的倫敦紳士。近年來他一直在探討：什麼樣的工作方式與生活方式是最適合二十一世紀的社會？

近年的著述中，他又提出了值得大家深思的論點：

(1)提升關懷的文化：不能只顧一己之私，要愛人如己。

(2)共擁一套道德標準：沒有這樣的道德標準作後盾，法律很難有效執行。

(3)改變世界：以各種方式來詮釋這個世界是不夠的，必須在實質上大家共同努力來改變它。

(4)按自己認為正確的方式生活，然後快樂的活著。

(5)終身學習，變中求好。

二〇〇二年五月韓第先生在道賀「天下文化」二十週年的文章中指出：美國九一一悲劇後，使他更相信：「商業的本質不只是商業……，企業要獲得民眾的尊敬，民眾要知道企業不只是在為自己奮鬥，也在為社會努力。如果不能達到這樣的境界，資本主義必然會喪失人們的信心，走向失敗之途。」（全文參見《遠見雜誌》二〇〇二年六月一日，頁四十四—四十六）。韓第在西方社會一生的體驗再度說明：個人的自由與獨立，是與財富的分享與社會正義密不可分。

「天下文化」近四十年來出版了四千餘種書，特別挑選組合了韓第的五本著作，就是希望全球華文讀者能夠揉合東西方思維，在當前新冠病毒蔓延，全球化受到挫折與質疑聲中，冷靜的思考一種前瞻、樂觀、合作、正義的理念。

誠品創辦人吳清友對韓第有深刻的評述。「韓第大多論及know why，而少談know how。我有次與童子賢先生閒談，他說他發現許多最高決策往往不是商業決策，而是哲學議題。」

吳清友先生在推薦經典書籍時常寫著：

我在青壯年正想鵬程萬里的時候讀，

我在經營誠品虧損不堪的年代讀，

我也在病痛苦悶的時光中讀，

閱讀是永恆的，閱讀是私密的，

是不同生命情境時刻的心靈知音。

那麼我們就鬧中取靜，擺脫手機，展開「閱讀韓第」的心靈之旅。

韓第在西方社會一生的體驗使他相信：個人的自由與獨立，要與財富的分享、社會的正義相互平衡。

韓第不僅是管理大師，更是傳統思維的解放者，追求人類和諧相處的人道主義者。

前言

回首過往的人生體悟

告訴我，你打算
拿這瘋狂而寶貴的人生怎麼辦？

這是美國詩人瑪莉．奧利佛（Mary Oliver）的詩句。自從讀到這首詩後，這句話就在我腦中盤旋不去，雖然對我而言，想做什麼都已太遲。但我的年輕孫兒啊，無論你們在哪裡，對於正在思考人生種種豐富選擇的你們，想做什麼都不會太遲。

德國哲學家叔本華曾說過，人生必須向前走，但在往後看時最能理解人生。如今我已八十六歲，就統計上而言，應該早已入土，往前的人生可能所剩無幾，但回首過去的人生，還有很多尚待理解之處。如今我明白，生命是如此寶貴，不應浪擲生命，我們不應只是設法度過人生，但經過時間淬鍊後，我才懂得把未來的人生看作機會，而不是問題。但願我當年能更瘋狂些，但願我更大膽跨出去，冒更多風險，更放任想像力馳騁。但我當時還不認識瑪莉．奧利佛，尚未讀過這個一針見血的問題。

我之所以寫下這些信，是希望我對人生和人生挑戰的省思，或許能幫助你們更懂得回答瑪莉．奧利佛的問題。你們生活的世界和我過去認識的世界大不相同，但我猜想你們會碰到的問題，卻不會和我有太大差別。我們很難透過他人的經驗學習，但或許我的省思至少能讓你們在行動前先駐足思考；或有的時候，在行動後重新省思。可以說，這些信涵蓋我希望在你們這個年紀就已經知曉的所有事情，但願當年我在踏進外面世界，開創自己的未來，訂定自己的人生契約之前，已經懂得這些事。

我從來沒見過祖父與外祖父，他們在我出生之前就已過世。有時候我很好奇，假如他們寫二十一封信給我，會在信中說些什麼。我的名字查爾斯是依外祖父之名而取的，他是個工程師，據說很有幽默感。他負責照看愛爾蘭周邊所有的燈塔。他或許會說，燈塔是為了照亮前面的路，防止你撞上岩石，正和這些信一樣。如今燈塔裡面都沒人了。燈塔看守員和他們的孩子必須找別的事做。假如我的外祖父今天還在世，他可能會面帶微笑說：「你瞧，這就是人生，既相同又不同。」但究竟哪些會維持不變，哪些又會有所不同呢？這就是我在信中探索的問題。

第一封信

世界會改變

最近有人送我一條茶巾，上面印著一九四〇年之前出生的我們在年輕時不知曉的所有事情，茶巾上是這麼寫的：

> 在我們誕生的年代，沒有電視、盤尼西林、小兒麻痺疫苗、冷凍食品、影印機、隱形眼鏡、錄影帶、避孕藥。當時雷達、信用卡、原子分裂、雷射光、原子筆還未問世，也沒有洗碗機、烘衣機、電毯、空調設備、快乾衣服……人類更尚未登陸月球。
>
> 大家都先結婚，再同居，沒什麼好大驚小怪的。我們當時認為「fast food」[1]是指大齋節期間吃的食物，「Big Mac」[2]是過大的雨衣，「crumpet」[3]為配茶吃的小鬆餅。那個年代沒有家庭主夫或電腦紅娘，「sheltered accommodation」[4]指的是可遮風避雨的公車亭。
>
> 那時候，沒有托兒中心、團體家屋或紙尿片。我們從沒聽過調頻收音

機、錄音機、人工心臟、文字處理機這些東西，年輕男子戴耳環更是聞所未聞。對我們而言，「time sharing」[5]意味著凝聚在一起，「chip」是指一塊木頭或馬鈴薯片，「hardware」是螺帽螺絲之類的五金製品，「software」這個單字則尚未出現。[6]

1 譯注：今天「fast food」通常指「速食」，但在英文中，fast除了表示「快速」，亦有「守齋期」或「禁食期」之義。基督教的大齋節（Lent）從大齋首日到復活節止，共四十天，期間會特別守齋，為復活節做準備。

2 譯注：今天「Big Mac」通常是指麥當勞的大麥克漢堡。

3 譯注：「crumpet」今天亦有「性感女郎」的意思。

4 譯注：「sheltered accommodation」今天亦指「庇護住宅」。

5 譯注：「time sharing」今天多半指「分時作業」，一個電腦主機連接多個終端機，讓許多使用者能同時使用電腦資源。

6 譯注：今天「chip」多半指電腦晶片，「hardware」是電腦硬體，「software」則是電腦軟體。

在一九四〇年代以前，「going all the way」的意思是搭巴士時一路坐到終點站[7]；抽菸是時髦的事情，「grass」意味著草坪，「coke」是儲藏在煤洞裡的焦煤，「joint」是大塊肉，「pot」則是烹調用的鍋子[8]，開朗快樂的人（gay person）[9]是派對中的靈魂人物，而「aids」[10]純粹是為需要者提供援助。想想看，世界變了這麼多，難怪會出現代溝。

今天很難想像，我十歲前，家裡沒有自來水，也沒有電。我們用油燈和蠟燭照明，用轟隆作響的柴油引擎從花園的井裡打水上來。我們沒有中央暖氣系統，只有裝上電池的收音機，也沒有電視機。父親為了通勤上班買了一輛車，我們則以單車或小馬代步。不，我們並非窮苦人家，家父是愛爾蘭鄉村教區的牧師，但在二次大戰前的一九三〇年代，一般人的生活就是如此。還記得有一天電工跑來我們家，在院子裡的大樹上裝了一具簡陋的風力發電機，為整排巨大電池充電，讓我們可以在黑暗中看見周遭，但還無法靠微弱的燈光閱讀，只是在我們的黑暗世界略施些微魔法。五年後，我們連接上電網，一切都改變了。我還記得父親從盒子裡拿出烤麵包機時的表情，那是十年前別人送給他的結婚禮物。他生平頭一遭啟動烤麵包機，可想而知，麵包烤焦了。有誰料想到，那天早上麵包烤焦的氣味，竟讓父親臉上綻放出那樣的笑容。

科技改變我們的生活，一向如此，未來亦然。問題是，事情真正發生前，我們無從得知改變會有多大。網路是偉大的發明，但沒有人預知網路會催生臉書

---

7 譯注：今天的年輕人想表達性愛，又不想直接提到「性」或「做愛」，有時會說「going all the way」。

8 譯注：今天「grass」、「joint」、「pot」都可用來表示「大麻」，「coke」除了是焦煤或可樂，亦指古柯鹼。

9 譯注：今天「gay」亦指同性戀者。

10 譯注：今天「AIDS」也是愛滋病（Acquired Immune Deficiency Syndrome）的英文縮寫。

（Facebook）和谷歌（Google）。通常要等到三十年後，我們才能充分體會到科技帶來的改變和意義。

穿越自動化世界

今天，在我撰寫本書之時，電動無人車是炫目的新科技，但電動無人車不僅是新型態的汽車，也會帶來其他改變。比方說，如果不再有燃料稅作為政府財源，我們要從哪裡籌錢來鋪路修路？我們有足夠的電力可供應這些電動車嗎？如果我們命令無人車送孩子上學，但孩子只需取得密碼，就可以修改無人車的程式，重新設定車子，我們要如何防止這樣的情況？由於無人車的設計把防止撞上行人當成首要之務，孩子會不會因明知不會出事，而樂得任意走到汽車前面，以至於路上交通動彈不得？可以想見，意想不到的後果將會層出不窮。

到時候，人工智慧技術已火力全開。究竟人工智慧會摧毀我們的工作，還是成為一大助力，提升工作效能？在人工智慧協助下，醫生能掌握更多資訊，幫助他們做更好的診斷。人工智慧技術不會取代醫生，而是輔助醫生。現在靠駕駛汽車為生的人，未來不是飯碗不保，就是自我提升成為車隊導航員，負責監督卡車或廂型車的車隊，為操控交通工具的人工智慧擔任個人助理。我猜，如果沒有眾多個人助理（IA, Individual Assistant）的襄助，難以充分運用人工智慧（AI, Artificial Intelligence）。如今祕書正慢慢升級為個人助理，直到有朝一日被虛擬祕書取而代之，但虛擬祕書或多或少仍需在督導下運作。超市的自助結帳系統可算是早期的機器幫手，但仍需有人從旁協助像我這樣搞不清狀況的人。未來會有更多人從旁待命、協助我們穿越眼前的自動化世界。人工智慧鐵定會改變我們生活和工作的方式，無論是電冰箱自動替我們訂購食物，或手錶檢測我們的健康狀況，為我們更新處方，各種演算法將日益為我們安排生活中大大小小的事情。

我很擔心這些演算法。我們不知道是誰出於什麼動機寫了這些演算法。有些廉價航空公司為了懲罰不肯花錢選位的乘客，安排座位時會透過演算法讓一家人散坐在機艙各處。美國法院也開始藉助演算法來判決。某些律師聲稱可以從中看到種族偏見的痕跡，但設計演算法的顧問和公司拒絕披露他們採用的公式，說那是他們的智慧財產權。演算法可能在不知不覺中逐步控制我們的生活。

無論你喜不喜歡，科技會改變我們的生活，而且想躲都躲不掉。我這輩子見識過許多巨大的科技變化，我學到的是，我們終將處之泰然。今天看起來很炫的技術，終有一天會變得平凡無奇。你們會跟所有人一樣，甚至和我祖父時代的燈塔員一樣，成功應付過來。

有人預測，未來人類技能會局限在三C上：創意人（the Creatives）、照護者（the Carers），以及監管者（the Custodians）。成功的創意人可以享受到最多樂趣，賺到的錢也最多。照護者人數最多，而且不只是照顧需要幫助的人，在商店、學校、監獄、醫院和任何組織中關照我們需求的人也屬於照護者。監管者則是努力穩住局面的人，包括政府部門主管，尤其是文官。組織經理人仍需規畫和決定誰應該在什麼時候做什麼事情。即使無人車都需要有人指示它往哪裡開。社會上仍將有許許多多的工作，工作機會甚至比過去還多，但這些工作將不同於以往。

在變化中保持工作不變

事實上，我不可能確切知道到時的世界會變成什麼樣子。沒有人知道。我只能告訴你，實際上會出現諸多改變。改變始終不斷發生。如果你願意迎接改變，就會覺得刺激有趣，但改變也會帶來挑戰。羅馬人就深諳此理。他們說：「時代改變，我們也跟著改變。」或追溯到更古早的年代，希臘哲學家赫拉克里特（Heraclitus）說，你絕不可能兩度踏入同一條河，因為河水已然向前流逝，「萬物皆流轉。」如果還想多擷取一點老派智慧，蘭佩杜薩（Giuseppe Tomasi di Lampedusa）曾在小說《豹》（*The Leopard*）中描繪亂世中的西西里，書中主人翁唐克雷迪（Tancredi）告訴身為親王的舅舅，如果他希望保持不變，就必須有所改變，你可能會同意他的觀點。正如有人說：「保持現狀，就不可能向前推進。」

唐克雷迪的說法在今天有何意義？假如我們希望在人生中找到任何意義，首先必須保持不變的是工作，而且是支薪的工作。即使某些富豪慈善家慷慨保證讓所有人終身領取基本收入，仍需從事一些有意義的活動，我們每天早上才會有起床的動力。無所事事是在浪費寶貴的生命，而且單靠基本收入，你沒多久就會感到不滿足，儘管我會在另一封信中主張「知足」的重要。金錢是一項指標，表示你的工作對別人有用，當然還有其他指標，例如別人對你的感激，但我一直記得我第一次領到薪水時，感覺有多棒。

不過，完成工作的方式將會出現翻天覆地的改變。唐克雷迪的意思就是如此。要持續工作，就必須改變工作的形式。在我年輕時代，工作乃是由各種機構、醫院、學校、煤礦、鋼廠，以及大大小小、各式各樣的企業和公部門提供。社會是各種機構交織而成的複雜網絡。對大多數人而言，人生就是進進出出一個又一個的組織，進入每個組織，都是在為下一個組織做準備。我們預期，組織提供的職業生涯將持續終身，之後再過個幾年退休生活，養老金多半由雇主提供。我曾加入這樣一家企業，那是一家跨國性的石油公司：殼牌集團（Shell）。他們期待我會在公司一直工作到六十二歲。我剛進公司的時候，他們畫了一張圖給我看，上面標示著我在公司可能的職涯發展軌道，可以派駐不同國家，逐步升上愈來愈高階的職位，看來真叫人興奮。多年後我才了解，不但圖上標示的諸多殼牌旗下公司早已不復存在，甚至連某些國家也消失不見了，至少不是以當時的國名繼續存在。世界改變的速度實在太快了。

除了英國公務員，沒有任何機構會提供終身職涯保障。的確，今天企業的平均壽命只有十六年，他們怎麼可能會提供你終身雇用的機會呢？包括公部門在內，不再有任何組織會雇用全部需要的人力。很久以前，我曾在一本著作中主張，組織應該愈來愈像酢漿草般，由三片葉子組成。第一片葉子代表核心員工，第二片葉子是外包人力，第三片葉子則代表太耗費成本、也無須全職雇用的個別專家或臨時人力。我指出，愈來愈多工作將屬於第二片和第三片葉子的型態，因為成本較低，不需要列入企業固定支出或退休金計畫。後來情勢日益朝這個方向演變，有的人或許會說已經走過頭了。

這一切意味著不再有鐵飯碗這回事。不再有人像殼牌公司那樣關照你的職涯發展，規畫你的下一步，提供你需要的訓練，甚至照顧你的醫療需求。凡事都得靠自己。即使受雇於組織，新職缺出現時，你都必須自行應徵。而且，一旦年過五十，你會發現，要應徵上那些工作會變得愈來愈困難。這也是為什麼我認為對這個年齡層而言，「組合式生活」（portfolio life）是最佳替代方案。我所謂的「組合式生活」，乃是集合許多小型工作，有的領得到報酬，有的無酬但有用。像你這樣的年輕人也會日益選擇這樣的生活方式。有時候是因為大型組織壓抑的氛圍無法吸引年輕人，於是他們決定到外面去碰碰運氣。他們大都重視組合式生活帶來的獨立性，雖然有其財務上的風險。

結果，在我撰寫本書之時，英國的就業人數達到史無前例的高峰，但同時，所得稅收下降的現象卻令政治人物困惑不已。他們不應感到訝異，許多英國的新工作者因為收入太過微薄，而無須繳稅。有一件事我倒是很確定：假如一切順利，你會活得很久，以至於有朝一日，假如你要繼續工作的話（我希望你會），都免不了都要單飛獨行，或嘗試組合式生活。

唐克雷迪說得對。愈來愈多人為錢工作，儘管向來如此，如今採取的方式卻大不相同。在你有生之年，當許多單調沉悶的苦差事都由自動化機器代勞，無疑工作方式會出現更大幅的改變。但我堅信人類想有所貢獻的需求仍會持續存在，工作仍將是所有人生活的核心。

第二封信

生命的重要本質

雖然我在第一封信中說了許多，但人生某些部分仍然不會改變，而且從許多方面來看，不變的都是更重要的事情。想想看：在我撰寫本書之時，倫敦正在演出三齣個別製作的莎翁名劇《馬克白》（*Macbeth*），以及一齣同名歌劇。去年，艾斯奇勒斯（Aeschylus）的劇作《奧瑞斯提亞》（*Oresteia*）在倫敦演出時座無虛席，博得滿堂采。莎士比亞的劇作在英國女王伊莉莎白一世的時代完成，艾斯奇勒斯則早在耶穌基督誕生前五百年左右，就在希臘寫出《奧瑞斯提亞》。托爾斯泰（Leo Tolstoy）、狄更斯（Charles Dickens）、珍・奧斯汀（Jane Austen）、哈代（Thomas Hardy）的小說一直是電視影集最愛改編的題材。許多人還說，喬治・艾略特（George Elliot）一百五十年前創作的《米德爾馬契》（*Middlemarch*）是英國有史以來最出色的小說。我可以繼續列出以不同文字創作的諸多書籍和劇作，這些經得起時間考驗的作品直到今天仍備受重視。

何以如此？這些作品寫得好，在舞台上或螢光幕的演出也精彩萬分，但古早時代的作品直到今天仍如此引人入勝，必然有其他原因。我可以篤定的說，答案是這些作品都在探討亙久不變的主題，談的是人與人之間的關係，以及人類對人生的所感所思。只要有兩、三人聚在一起，必定有事發生，而且不見得都是好事。自亞當夏娃以來，人類不斷彼此愛憎、相互爭鬥，又一起歡慶。數千年來，儘管歷經無數科技變遷、政治動亂，人類的境況始終沒什麼改變。

而且動盪本身也是人類的傑作，唯有自己承擔，無法歸咎或怪罪他人，即使本意良善，偶爾仍會出錯。包括本世紀和上世紀的戰爭在內，世上大多數戰爭都肇因於個人的野心和權力欲。無論亞歷山大大帝或希特勒，都沒有任何合乎邏輯或令人信服的理由需要占領及統治這麼多國家，國內事務已經夠他們忙的了。另一方面，就經濟而言，大企業也沒有理由非得日益壯大，而且在成長過程中橫掃小公司，一切都肇因於在上位者的野心，即使他們自認立意良善。還有，為何所謂的企業領導人總是要求怎麼花也花不完的數百萬美元高薪？他們究竟所為何來？無非是想以這種昂貴的認證方式，標示自己的成功。

從好的一面來看，提姆．柏納茲李（Tim Berners-Lee）創造全球資訊網後，慷慨將發明免費贈予全世界，他的發明改變了世界，卻非刻意為之，他原本只是想改善研究人員之間的通訊狀況，提升效能，並非想賺大錢或揚名立萬。祖克伯（Mark Zuckerberg）和大學室友開發出臉書初始版本時，渾然不知自己終將影響無數人的生活，聚積數十億美元的私人財富。

他們和其他許多創業家是受到創造欲的驅使，希望做出不一樣的東西或改善現況。在大多數情況下，名利雖隨之而來，卻遠非他們的初衷。他們只不過在做有些人一直在做的事：試試這個，試試那個，無論是發明或想法。愛因斯坦萌生相對論概念時，並沒有想到原子彈；他只是試圖解開謎團。藝術家畫畫、作曲，或跟我一樣從事寫作，多半是因為感到非得如此不可。如果是出於更功利性的動機，例如為了錢，往往結果就沒那麼好。名與利往往是最後的結果，而不是最初的驅動力。我一直對每個人背後不同的驅動力感到疑惑和著迷。如今我明白天底下沒有新鮮事，只不過情境改變了。梅迪奇金融家族[11]之所以在十五世紀的佛羅倫斯大展鴻圖，背後的驅動力可能和本世紀皇家蘇格蘭銀行的雄心壯志並無二致，他們都希望成為全球最大的銀行，最後也因為自不量力而落得相同下場。即使世界改變，人不會變。即使身處科技革命的浪潮中，人生真正的大問題始終如一。

人生問題的解答都在書裡

何謂正義？何謂公平？誰會得到什麼？他是否愛我？我可以信任誰？誰才是

11　譯注：十五世紀到十八世紀中葉，梅迪奇家族（Medici family）是勢力龐大的歐洲望族，靠金融業務發達起來，後來家族中出了多名教宗、統治者及王室成員。

真正的朋友？應該原諒或忘記過錯嗎？我有沒有比他們更優秀／更強／更成功？即使在家庭裡，這類問題都藏在我們心底蠢蠢欲動，在漠視中默默滋長惡化。在有相同傳承的家族中尚且如此，那麼由陌生人形成的組織是不是更可能碰到這類問題呢？我常常希望自己是離群索居的隱士，遠離一切因人而生的複雜問題。然而屆時我又會想念其他人帶來的安慰與關愛。孤獨寂寞是一種無藥可醫的老年病。他人的存在是人生不可或缺的一部分。無論你喜不喜歡其他人，都必須想辦法和旁人共處。

所以，人生行至半途，如果突然冒出上述任一個問題，首先切記，會問這些問題是很正常的事。無論你的問題為何，過去許多人都曾面對過。假如你願意讀一讀史書和偉大的文學作品，就可以打消你的疑慮。出色的小說和偉人傳記是人類處境的最佳指南。我寫的第一本書是在探討組織運作方式與習性，寫作過程中，我想為我探討的觀念找些例證，於是躲到法國南部的農莊中閉門寫作，車子行李箱載滿一堆美國教科書和研究論文，當時離網路時代還很遠，手邊只有這堆書和論文可以參考。我很快發現，大多數研究都仰賴研究生做實驗來證明觀點，然而在我看來，那些實驗都和現實生活沒什麼關聯。幸好農莊裡有個很大的圖書室，藏書中包含許多俄國小說。我發現，關於組織生活可能碰到的問題，托爾斯泰的小說比任何研究生的實驗都豐富多了。我的處女作後來能成為全球暢銷書，部分要歸功於文學作品提供的故事讓這本書顯得生動有趣。

我大半輩子都不曾享受過你們這一代視為理所當然的科技輔助。我們的生活因為科技襄助而輕鬆不少，但是如果想為人生路途中的種種挑戰預做準備，最好的辦法是充分了解人類境況。好消息是，人性始終沒變，一直有相同的衝動、欲望、挫折、怪癖和魅力，無須再重新發現人性。我的領悟是，只要認真閱讀托爾斯泰的小說，也許還有杜斯妥也夫斯基（Fyodor Dostoevsky）的作品，就可以了解大部分的人性。我常想，假如有更多政客好讀史書，他們就不會侵略伊拉克或阿富汗，或企圖推翻外國獨裁政權。不能以史為鑑，就要自負風險。我的原則是，除非證明並非如此，否則都先把別人想得很好。雖然因此曾識人不明，但也帶來一些美好經驗。因此我很欣賞冷戰時期談判的老原則：「信任，但要求證。」

你們或許也會想試試看。

第三封信

人生大哉問

等到你們終於抽空閱讀這封信時，應該即將結束多年學校教育，踏入真實世界。如果你們跟我很像，此時就會自問：接下來要怎麼辦？我現在夠資格做哪些工作？或是會自問一些更根本的問題：人生究竟是怎麼回事？我為何來到世上？大多數人在人生路途上仍會不斷回頭思考這些問題，你們應該也是如此。但必須把握現在，在人生剛起步時就開始思考，否則會不知該往哪裡去。

當然，在走出學校構築的象牙塔之前，良好的教育能幫助你回答這些大哉問。但悲哀的是，沒有任何主要課程會探討這些問題，即使求教於職涯輔導顧問，他們關心的還是如何幫你找到足以謀生的適當工作，然而工作只能為這些人生大哉問提供部分解答。你會問：我幹嘛搖身一變成為哲學家？我需要的只是找份工作，賺點錢罷了。沒錯，但這只回答「怎麼做？」的問題，但究竟所為何來？這個問題會一直盤旋在腦海中，直到你面對它，處理它。我大學畢業時只在意兩件事情：絕對不再上教堂了，以及永遠不要陷入貧窮。我很快發現，我不能單靠這些負面志向來打造我的人生。

人生究竟所為何來

我們為何來到世上？我開始自問。只是受孕的結果（通常為意外），精子偶然和默默等待的卵子相結合嗎？果真如此的話，是否意味著我們不需為任何人負任何責任？我們是否和菜園裡的高麗菜或花園裡的百合花毫無差別，只不過碰巧長在那兒罷了？抑或身而為人，我們確實有些不同？我們具有意識，是萬物中唯一擁有自覺的生物；能有意識的選擇自己的未來，還能抽象思考，釐清事情背後的緣由。我們是否因此格外有責任善用自己的生命，或只不過是多加了一層負擔罷了？

也許你信仰虔誠，認為上帝以其神祕之手創造人類。果真如此的話，如果你了解祂對你有什麼期望，你確實有義務達成上帝的期望。各種宗教教義都會在這個問題上為你指點迷津，甚至列出一連串需遵守的戒律。對許多虔誠信徒而言，戒律設定了行為規範，指引人生目的，甚有助益，一旦接受，所有的懷疑焦慮全可一掃而空。然而，有個大前提是，你必須先接受最初的起點：相信上帝是萬物的核心。

有的人沒有踏出信仰的第一步，卻樂於接受宗教的種種規範，彷彿他們真的信仰虔誠。這樣做一開始還行得通，直到他們必須面對真正困難的決定就會碰上問題。這時候，對上帝是宇宙萬物核心的潛在假設缺乏信念，會削弱他們服膺戒律的決心。我猜大多數人可能一輩子都抱持這種隱而未宣的半信半疑心態。世界主要宗教對於教徒的基本行為準則其實看法一致，都從所謂的「金科玉律」開始：你希望別人怎麼待你，你就要先怎麼待人。西方人大都遵循基督教的基本行為規範，卻不會自稱是基督徒，因為他們不接受基督教的潛在前提。結果，雖然只有二%的英國人上教堂，感覺上英國仍然像個基督教國家。

要不然，你也可以遵循演化論的論調，告訴自己，你只不過是基因長期演化軌跡的一部分，最重要的任務是好好把基因傳給下一代。只要盡到生存和繁殖的本分就夠了。演化無關乎進步或方向，只關乎適應周遭世界，好讓自己這支基因有更好的機會經由子孫及往後世世代代存活下來。你因此可以脫身，無須再苦苦思考更深層的人生意義。只要你自認基因夠優秀，完全經得起時間的考驗，你的主要責任是盡可能健健康康的活很久，並且努力繁衍。除此之外，你別無義務。我覺得許多人雖然不知道什麼是演化論，卻都抱著這樣的想法。

然而這種想法很危險。假如每個人都認為自己唯一的責任是讓演化得以持續，那麼社會將變得毫無方向感，也缺乏明確原則。這也是為何宗教如此重要。由於宗教為人生設定目標，提供信徒生活指引，因此帶來某種形式的社會控制。在許多社會中，一旦宗教沒落，人類可能再度陷入漫無方向的演化，這是非常危險的事，因此「人生究竟所為何來」的問題才會如此重要。

適當的自私

從演化論到存在主義只有一小步。存在主義在沙特等人提倡下逐漸普及，存在主義主張，身而為人，每個人都有責任找到自己的價值觀和生存的意義。存在主義哲學家的信條是「存在先於本質」，也就是說，每個人都獨一無二、各不相同，可以決定為何要活著，以及如何過我們的人生。這是非常誘人、但終究也很困難的選擇。之所以誘人，是因為可以讓你擺脫社會上所有規範與教條，自由做自己；之所以困難，是因為必須先弄清楚你是誰，你認為人生最重要的價值是什麼。沙特說：「人都需要意義，但意義必須由自己來創造。」乍看之下，這會釀成自私的心態，除非你同意德國哲學家康德（Immanuel Kant）的主張，他認為，你為自己做的任何決定就邏輯而言也應適用於他人，他稱之為「定言令式」（categorical imperative）[12]。

我心中的「定言令式」沒有那麼嚴謹，我稱之為「適當的自私」（proper selfishness），或是修正版的存在主義。我認為，每個人自然而然會關照自己的需求和欲望，這沒什麼不對，也很適當；因為你必須先自我感覺良好，才能對別人有所助益。但如果你只是拚命取悅自己，不但對別人沒什麼用，到頭來也不會令你感到自豪。另一方面，假如你從一開始就不投資自己，對別人同樣不會有什麼用處。換句話說，必須愛鄰如己。我發現，真正的滿足來自於看到關愛的人心滿意足。我們似乎天生就抱持利他主義，慷慨是我們的天性。抑制這樣的天性並不人道。邱吉爾曾說過，一個人藉由獲取來維持生活，透過付出來證明人生的

12 譯注：「定言令式」是指無條件需履行、具有普遍性、絕無例外、理當如此的道德實踐。

價值。

如果奉存在主義為人生圭臬對你來說太困難，不妨遵從西元前六世紀中國哲人孔子的教誨。孔子不相信任何神祉，早在耶穌基督誕生前五百年，孔子就著書立說，誨人不倦。子曰：

子張問仁於孔子。孔子曰：「能行五者於天下，為仁矣。」請問之。曰：「恭、寬、信、敏、惠。恭則不侮，寬則得眾，信則人任焉，敏則有功，惠則足以使人。」[13]

這是很好的生活準則，卻不會告訴你人生究竟所為何來。

你也可以期待愛默生（Ralph Waldo Emerson）指點迷津，愛默生是崇尚自然生活的哲學家，他認為美好人生就是：

時常開懷大笑；能博得智者尊敬，孩童摯愛；贏取直友的賞識，容忍偽友的背叛；欣賞世間之美，發掘他人之善；無論你留下的是健康的孩子、一塊園地，或是改善後的社會狀況，都很好，只要能帶給世界多一分美好；明白只因你曾經活過，至少有一條生命活得更歡喜自在，這就是成功。

愛默生的話深得我心，但對我而言，要善用寶貴的人生，這只是我們可以做到的最低限度。我們可以、也應該貢獻更多。

13 譯注：語出《論語》陽貨篇。

找到自己的「黃金種子」

最後我請亞里斯多德（Aristotle）來指點迷津，他的思想已經通過兩千五百年歲月的考驗。亞里斯多德對於美好人生的意義，有更加恢宏的描述。他認為，我們的首要之務是在日常生活中秉持良善美德，並追尋他所謂的「幸福」（eudaimonia）。這是個複雜的概念，亞里斯多德的意思並非某種消極的幸福或無意義的享樂。幸福和享樂有很大的差異，不應該混為一談。亞里斯多德心目中的幸福更為積極，更接近自我實現。他認為，人生不是過得開心就好，我把他的理念歸納為：「盡己所能，發揮所長。」通常不容易做到。什麼是你最擅長的事？你有沒有發揮所長？還有一個問題。亞里斯多德堅持你同時必須當個好人，「擁有美德」的人。你也許是個電腦奇才，但不表示你可以利用這項才能駭進別人的銀行帳戶。亞里斯多德對於什麼是美德有明確的概念，我會在另一封信中討論。

他認為我們都是社會動物，無法離群索居。每個人的所作所為免不了都會影響他人，這又關乎「適當的自私」了。

我這輩子走過上述的所有階段。我小時候住在教區長的宿舍，從小接受的教導是，上帝讓我來到世上有祂的目的，只要我信任上帝，遵循上帝訂定的規範，就能找到人生意義。但我不到二十歲就放棄這些想法。大學畢業後，我完全不知道人生該何去何從。我在大學研讀哲學和古典學，但我無法靠這些學識取得任何工作資格。我只想自食其力，享受人生，這是自私的存在主義選擇。我確實過了幾年開心的日子，也賺到錢，但自得其樂的生活很快變得乏味。我發現自己只不過是所謂跨國企業巨大機器中一個小小的齒輪。任何人都有辦法做我的工作。我希望能找到某種方式更自由的發揮自己的才能。

這時候就該回頭向亞里斯多德求教了。如今我相信每個人都擁有某種特殊才華、能力或天賦，我稱之為「黃金種子」。如果你知道自己的黃金種子是什麼，或親近的人能看出你的特殊才能，並施肥灌溉，讓你的黃金種子有成長的空間，你終將在擅長的領域成為頂尖高手。如果在此同時，你還是個善良誠實的好人，那麼你將擁有充滿意義的充實人生。你會成為亞里斯多德的信徒。

就我的情況而言，當年我渾然不知自己的黃金種子為何，我向母親道別，準備前往東南亞走馬上任，開始人生第一份工作。母親完全不贊同我的職涯選擇，她說：「沒關係，反正對你的書而言，這些都是很好的寫作題材。」「書？媽媽？」我回答：「我是去當石油公司主管，根本不會有時間寫書。」她說：「好吧，親愛的。」當媽媽們這樣說時，你就知道她們真正的意思其實是：「才不呢，親愛的。」十五年後，我離開殼牌公司，出版第一本書。有時候，最能看出子女黃金種子的人是母親。雖然教師也是箇中高手，或教父教母也是，如果你仍和他們保持聯絡的話。

我的書是否對別人有幫助，輪不到我來評斷，但至少那是我寫作的目的，同時我們努力遵循愛默生和孔子提出的準則。就我所知，他們的教誨是良善生活的最佳指引。我很感恩有人曾形容我是亞里斯多德的好信徒，但願你們也是。

第四封信

信仰與理性

你相信上帝嗎？或你是否信仰某尊神明，或其他任何神祉？有些私人問題唯有自己才能回答，這個問題正是其中之一。牽涉到超乎我們理解範圍的事情，千萬不要聽別人說該信什麼。這純屬信仰，而信仰從來不是能靠推理解決的事情。的確，信仰始於理性耗盡之時。不過，我先描述自己如何經歷從信仰走到安心的疑惑的境界，也許會有點幫助。

朱利安・巴恩斯（Julian Barnes）[14]曾說：「我不信上帝，但我想念祂。」我明白他的意思。我在牧師宅邸長大，生活中，上帝隨時伴隨我們。祂是新約聖經中和藹可親的上帝，不是舊約聖經中有仇必報的凶狠上帝。從某個角度而言，覺得有個人一直在那裡守護著我們還不錯，即使祂常常表示不以為然。每當理性告訴我，這一切只是奇思幻想時，我感覺在世上非常孤獨寂寞，只能靠自己想方設法，釐清何者為對，何者為錯。

我也欣然落入各種宗教圈套中：包括宗教的儀式、音樂、建築、藝術。我決定接受這些，而不是接受信仰本身。我開始自稱是文化基督徒。我發現，許多宗教場所看起來確實神聖：世世代代都有許多好人在教堂中祈禱，似乎也在教堂中留下一些善的痕跡。星期天晚上，我偶爾會在有不錯唱詩班的教堂中參加晚禱，我發現這對沉思很有幫助。

那麼，我算是自欺欺人嗎？我不覺得，因為我相信宗教和神聖仍然有些不同，不一定兩者並存。的確，我曾經出席過許多宗教場合，卻感受不到絲毫神聖，而我對於神聖或靈性最鮮明的體驗卻和正式宗教完全扯不上關係。近來許多人喜歡探討靈性，而非談論宗教。我猜想他們和我說的是同一件事。現在流行的正念也是某種尋求內心平靜的方式。

14 譯注：朱利安・巴恩斯是英國著名小說家，曾以《福婁拜的鸚鵡》（*Flaubert's Parrot*）、《亞瑟與喬治》（*Arthur and George*）、《英格蘭、英格蘭》（*England, England*）三度入圍英國布克獎，直至二〇一一年，終以《回憶的餘燼》（*The Sense of an Ending*）獲得布克獎。

世上根本沒有上帝？

有一度，我試圖調和自己的宗教不可知論以及基督教，我主張，宗教中道成肉身（上帝化身為人）的理論其實代表人類具有內在的「神性」，只是等著被發掘和充分發揮。這和貴格會的信念不是那麼不同。英國國家廣播公司（BBC）曾邀我透過一系列廣播節目回顧我的人生，他們把節目鄭重取名為《尋找上帝》（*In Search of God*）。但我在節目開頭就描述這趟追尋將會徒勞無功，因為世上根本沒有上帝。不過，旅程結束時，我卻在托斯卡尼南部修道院小教堂中找到某種神聖的寧靜感，以及難以言喻的感覺，當時我身旁沒有別人，唯有我獨自一人。我說，如果神性真的存在，那麼對我而言，神性就存在於那一刻，因為那一刻最接近良善的自我。蘭柏宮（Lambeth Palace）還因此頒獎給我，說我們的節目「儘管對宗教信仰半信半疑」，卻是年度最佳宗教節目之一。

你未必跟我一樣，年少時代就不得不和基督教有如此深的糾葛，但你應該偶爾也會疑惑，世上是否真有某種存在，超越我們這些凡夫俗子，是否真有某種神性或靈性可以激發出我們最良善的一面。對我而言，祈禱詞就是如此：問問自己是否已經善盡所能。肯塔基農民詩人文德爾・貝瑞（Wendell Berry）在一首詩作的結尾說得好：

而我們祈禱，不求
新大地或新天堂，但求
心靈平靜，目光清澈，
我們需要的全在這裡。

當然，宗教還扮演另外一個角色：透過道德指引和建議來維護社會秩序。摩西聲稱上帝支持他提出十誡，他不是第一個這麼做的人。世俗社會必須面對的問題是，倘若沒有像上帝這種舉世認同的道德權威，會是什麼情況？當然，我們有法律，但守法能做到的很有限，法律會規定你可以做什麼，不能做什麼，卻不會告訴你應該怎麼做，那屬於倫理的層次。在美好社會裡，大家對於什麼是正確適當的人類關係有共同認知。在西方世界，基督教留下充分的思想論述，為是非對錯的判斷提供一些共識。但是今天，像你們這樣的年輕世代開始建立自己的道德準則，並透過社群媒體散播，這樣的情況可能發展為相對主義（relativism）[15]和分歧的社會，不同的團體會主張不同的價值和優先順序。

無論我們是否信仰基督教，基督教對我們的文化遺產有極大貢獻。漠視基督教將鑄下大錯。有個在佛羅倫斯生活的朋友告訴我，他曾經聽到兩個年輕美國女子走出烏菲茲美術館（Uffizi Gallery，裡面收藏很多文藝復興時期的藝術品）時說：「你有沒有注意到，在那些母親和嬰兒的畫像中，嬰兒都是男孩！」我希望我無須指出他們對基督教歷史的了解是多麼不足。缺乏這樣的理解，她們當天無論在佛羅倫斯看到什麼，都不可能看得明白。

亞里斯多德的美德清單

倘若出現這種價值多元的流動社會，很重要的是，每個人都要自己有一套道德標準，而不只是遵循自己所屬團體的價值觀。於是我再度求教亞里斯多德。亞里斯多德認為，世上有兩種最重要的美德：智識上的美德及道德上的美德。他聲稱，智識上的美德乃透過承襲及教育而來，道德上的美德則來自於仿效自己最尊

15 譯注：相對主義認為，對真理與價值的判斷往往因觀察的角度與立場不同而有所歧異，真理與價值乃是相對的，而非絕對，在本質上不具有普遍有效性。

敬的人（通常是父母）。根據亞里斯多德的說法，最崇高的美德是知性的思考。當然，這正是他的專長，所以我們可以原諒他的小小偏見。但我猜他的意思是，我們的首要之務是弄清楚好人和美好生活應該是什麼樣子。在亞里斯多德看來，人人都應該是哲學家。我贊成、也覺得愈早開始研究哲學問題愈好，應該將哲學列為每個人的基礎教育。幼兒自然而然感到好奇，喜歡問問題，哲學探詢必然由此發端。

亞里斯多德繼續列出十二個輔助性美德：

一、勇氣：勇敢，願意挺身捍衛你認為對的事情。

二、節制：自我控制與克制。

三、寬厚：仁慈、慈善、慷慨。

四、美好：容光煥發，享受生活樂趣。

五、自豪：滿足於自己的成就。
六、光榮：尊敬、欽佩、推崇。
七、性情好：冷靜沉著。
八、和善：友好、合群。
九、誠實：直截了當、坦誠直率。
十、機智：幽默感。
十一、友誼：同志情誼、友情。
十二、正義：不偏不倚、公平公正。

亞里斯多德也篤信中庸之道（the golden mean，「黃金中庸」），要避免過與不及，並用以衡量他列出的美德。太過勇敢會變成傲慢；缺乏勇氣卻又變成怯弱；太過驕傲會變成自吹自擂；太缺乏自豪感卻又變成自我貶抑，以此類推。

我們可以在亞里斯多德的美德清單中加上一條放諸四海皆準的戒律：你希望別人怎麼待你，就要怎麼待人；或如孔子所說，己所不欲，勿施於人。加上康德的定言令式：在你心目中對的事情，別人必然也認為是對的。或再摻入一點點功利主義：能對大多數人帶來最大效益的，就是對的。把這些全攪和在一起，就是符合倫理的行為。

我並不是說每個人在行動前必得經歷上述的思考過程。不過也許你可以三不五時根據亞里斯多德的美德清單為自己打打分數。今天情緒商數的新觀念已融合其中許多美德。許多人提倡情緒商數，將其視為重要的社交能力，但我會把它歸為一種美德，是你預期文明人應該展現的行為。亞里斯多德和約翰·鄧恩（John Donne）一樣，堅稱沒有人是一座孤島，可以完全遺世而獨立。我們都是公民社會的一分子，所以應該像個文明人。更重要的是，應牢記亞里斯多德的信念，我們透過仿效長者與賢者而習得美德。當你也為人父母，扮演上述角色時，要記得以身作則。

然而我們也必須切記，亞里斯多德認為將智慧思考付諸實踐是最高的美德，生命應該要坐言起行，因此他強調「幸福」或符合美德的自我實現，在我看來，就是盡己所能，發揮所長。雖然我在另一封信中曾說過，其他人往往比你更了解你，但唯有你最清楚自己最擅長什麼。我相信，找出自己的專長或我所謂的「黃金種子」，幫助你的黃金種子成長茁壯，是父母、老師和上司的責任。教育應該不只是把東西塞進你的腦子，而應該設法發掘你的才能。

這封信從討論上帝開始，但以你們作為結尾，我認為兩者實而為一。上帝代表你內心的善，或從神學的角度來看，根據道成肉身的理論，上帝化身為人。宗教是幫你找出內在的善並充分發揮的方式。但後來宗教漸漸演變為階級制度和官僚體制，迷失了方向，我們只得一切靠自己。在這條終身追尋的道路上，希望你們一切順利。

第五封信

每個人都可能犯錯

在我成長的年代，一切都很確定。無庸置疑，父母總是懂得最多，好孩子只要乖乖聽話就好。無論什麼問題，爸媽都有答案，即使有時他們給的答案是：「本來就是這樣。」我猜這句話要不意味著：你年紀太小，說了也不懂；要不就表示，他們太忙了，沒空跟我解釋。我過了很久才明白，長輩往往用這個方法告訴你：「我不知道。」

開始上學之後，情況還是一樣。老師知道所有的答案。當然手中有小抄不無小補，老師拿到的課本後面附有解答，學生的課本則沒有。就我的理解，身為學生，我們的責任似乎就是努力學習，記住老師懂得（或假裝懂得）的知識，考試時再把這些知識吐回去給老師。對我年輕的心靈而言，這意味著世界上所有的問題都已經有答案了，而且某個地方的某個人已經知道答案是什麼。當然，今天你只要上谷歌網站搜尋，就可以找到答案。過去我們會在家中書架擺著一套《大英百科全書》，這套有趣的資料庫包羅萬象，涵蓋世界上你需要知道的所有資訊。

至少我當時以為如此。不幸的是，無論老師或百科全書都沒辦法教我學會騎腳踏車，或告訴我畢業後該怎麼辦。我很快發現，不是所有問題都可以在教科書中找到答案。事實上，大半時候，你必須自己想辦法。我該不該接受這份工作，娶這個女孩，或是移居國外？這些都是極重要的問題，但沒有顯而易見的答案，也沒有任何教科書或專家能告訴我該怎麼辦。儘管如此，仍然有愛管閒事的人試圖影響我的決定。後來，我在工作上又面臨其他問題，例如：這個人值不值得信賴？這個價錢合理嗎？這個想法在道德上是否正當？年紀愈長，碰到的問題就愈大：怎麼樣才算是美好人生？這一切究竟有何意義？為了達到目的，可以不擇手段嗎？哲學家一直為這些問題爭辯不休，也始終未達共識，因為答案終究繫於我們自己，要看我們的優先順序、處境，以及有多大意願承擔風險，決定自己的未來。

早年的教育並沒有教我如何處理這類「開放性」問題。即使曾經探討過，也把它當成「封閉式」問題來處理，老師或其他權威在心裡已經有正確答案。當時我眼中的世界充滿各種戒律和規定，違規的話，會帶來可怕的後果。有些規矩著實愚蠢可笑。例如，我們學校准許高年級生以順時針方向繞著中央草坪走，其他人則只能以逆時針方向走，而且只有老師可以穿越草坪。這項規定毫無道理，只不過讓低年級生感到低人一等。等升上高年級時，為了炫耀新地位，我們會頻繁的繞著那可憐的草坪走。往後的日子，等到我進入組織中工作，各式餐廳和交誼廳取代了中央草坪，仍然有某些員工比其他員工更資深、更高階，我認為這是明目張膽的不平等。

現在已經看不到這類制度了。這類制度之所以存在，是為了強調權威。掌權的高層藉此告訴其他人，哪些才是正確且必要的事情，並在下屬未乖乖遵從時加以糾正。如果人生就是如此，那麼我不認為我會享受這樣的人生。但情況愈來愈糟。假如學校令人沮喪，那麼宗教更糟糕。對於我的大問題，宗教界權威真的認為他們掌握了正確答案。他們也希望我在午餐前相信一些匪夷所思的事情，或就我的情況來說，則是在早餐前。我父親是副主教，也是愛爾蘭鄉間教區的教區長。我們家每天早餐前，全家人會一起晨禱，由父親先讀一段經文，然後帶領我們禱告。《聖經》是上帝的話語，我們必須相信。到了星期天，我們去教會作禮拜時，禮拜中某個時候，我們需要面朝聖壇，誦唸以「我相信……」開頭的信條。我問母親，假如我不相信他們叫我說的話會怎樣。我想她很不習慣這類問題，不知該如何回答，但她說，只要我保持信仰，總有一天會相信。

生平第一次反叛

當時對我而言，信仰似乎是一大逃避。假如你不了解，或仍有所懷疑，只要相信其他人是對的，跟著他們走準沒錯。同時，只要你信任牧師，自然會找到這些大問題的答案。我曉得那本重要的《聖經》裡面，有十條主要戒律或指引，還有其他忠告和警語。我漸漸明白，宗教是另外一種學校，有自己的教師和官員，督導你表現出他們認為正確得體的行為，美好人生的解答就是乖乖照別人的話做。我十幾歲時，心智逐漸變得浮動輕佻，開始重新詮釋聖經故事。我說，瑪麗和約瑟夫（Mary and Joseph）只是青少年。瑪麗意外懷孕，約瑟夫說不干他的事，一定是奇蹟。他們跟其他地方的青少年一樣，沒趕上人口普查，只好搬出馬槽的故事湊合湊合。他們的小寶寶長大後變成一個激進的導師，對宗教權威的地位形成威脅，因此遭到嚴厲批判。沒想到反而讓他成為殉道者，形成狂熱的宗教崇拜，更在許多世代後，發展為全球性的宗教。

我暗地裡自鳴得意，但從來不曾跟父親或任何人提及我的修正版理論。很久以後，我才發現我的想法一點也不新，其他人也曾提出這樣的想法。不過我覺得無所謂，這是我當時的想法，並非原創又有何妨？儘管這只是我腦子裡的想法，卻是我生平第一次反叛。我告訴自己，也許牧師和神學家都錯了。然後開始緊張起來，我怎麼能質疑兩千年來諸多學者和神職人員的集體智慧呢？當然，所有這些美麗的建築、令人讚嘆的聖詩和藝術品都是明證，證明故事的真實性，上帝確實存在，值得大家讚頌崇拜。抑或這些文字、建築、藝術，只不過是為了凸顯牧師的權威罷了？宗教是否和教育一樣，不過是一種社會控制的方式？

對一個小男孩而言，這些想法都令人不安，所以我沒跟任何人說，但從中得到了某種思想上的自由。我不需要只因為別人比我更有權威，就對他們言聽計從。我讀到奧利佛．克倫威爾（Oliver Cromwell）曾經對蘇格蘭教會的頑固長者說：「我懇求各位，秉持上帝憐憫之心，承認自己可能犯錯。」我常常希望能這麼說，但沒那個膽子。我明白，單憑創造性思考還不夠，必須勇敢採取行動。正如文藝復興時代的兩位紳士哥白尼（Nicolaus Copernicus）和伽利略（Galileo Galilei），他們身處不同的時代，相隔百年，但兩人都具有知識分子的勇氣，相信自己親眼所見的證據，而不是《聖經》代表的權威及教會統治階層。他們不但想法與眾不同，還發表激進的觀點，伽利略甚至不惜公開表明立場，並因此受苦受難。兩人都違抗當時（十六世紀與十七世紀）有效統治歐洲的教會。

他們堅稱地球繞日運轉，當時被稱為「日心說」（heliocentric theory），然而《聖經》中的〈傳道書〉（the book of Ecclesiastes）清楚指出，每天日頭出來，日頭落下，急歸所出之地。哥白尼和伽利略勇氣十足，也充滿自信，他們相信自己的觀察，而非幾百年來代代相傳、廣受支持的既有理論。他們深信掌握權力的人也可能犯錯，更重要的是，他們想辦法做一些事。

一五四三年哥白尼垂死時，在病榻上看到自己偉大著作《天體運行論》（*On the Revolutions of the Celestial Spheres*）的初校稿，他看著稿子，往後一靠，溘然而逝。百年後，伽利略就沒有那麼幸運了：他被迫公開宣示自己的觀點錯誤，直到死前一直被監禁在家中。傳說他在臥室牆上刻下四個字表示反抗：「E pur si muove」（但它仍在動）。所以他們兩位成為我心目中的大英雄，鼓勵我獨立思考，即使我的想法違背大多數人的想法。不過他們的遭遇也提醒我，正如伽利略，獨立思考確實要承擔後果。你或許會為自己的信念嘗到苦果，那麼你應該隱藏自己的想法嗎？要看是什麼議題和所處的環境而定。保持適度的審慎是常識，而非怯弱。

我在二十多年的寫作生涯中，一方面探索世界運作的方式，另一方面也刻意挑戰傳統智慧，因此最初不免飽受忽視，隨後又遭到鄙視和嘲笑，最後在多年後，等到我的某些恐懼和想法終於成真時，大家才說：「這不是顯而易見嗎？」每逢這種時候，我就會記起伽利略和哥白尼。不會把一切都視為理所當然，質疑每件事情，即使上司很篤定，仍應保持懷疑，但有時要把懷疑藏在心裡，等時機恰當才提出。關於這點，我會在下一封信中更詳細說明。

第六封信

好奇心不會殺死貓

我初出茅廬的第一份工作是被石油公司派駐東南亞，公司叫我到任後，頭半年先好好了解當地情況及公司運作。於是我開始質疑某些產品的配銷模式，認為自己有責任提出改善建議。但營運主管不是我的哲學教授，不喜歡我獨立思考，我們的對話類似這樣：

「韓第，你來這兒多久了？」

「四個月，經理。」

「我們公司已經在這裡多久了？」

「呃，我想差不多有四十年吧。」

「說得準確一點，是四十八年。你真以為自己區區四個月的經驗，就能想出更好的系統，勝過我們這麼多年的經驗嗎？」

「不會的，經理，當然不會。」

於是，那一絲創造性思考的火花就此熄滅。

幾年後，我看到新的營運主管建立的系統，和我當初的建議十分類似，暗自感到些許安慰，但對我而言，來得太遲了。

這種情況屢見不鮮。你認為自己想到一個絕佳的點子，但總是有人說：「假如你的點子真有這麼好或這麼明顯是對的，這麼多年來早就有人這樣做了。」挑戰正統從來都不容易，當然也不討喜。從前的異教徒會被綁在木樁上燒死，今天的異端分子只會遭到漠視，或更糟的是遭到革職處分。即使主管自稱鼓勵創造性思考，組織從來都不是創業家的搖籃。有些創業家將新創公司賣給大企業，並遵照合約規定，為收購公司的大企業服務兩年以上，結果他們往往在組織內逐漸枯萎。

如何保有好奇心？

為了追求效率，官僚制度也許是必要之惡，但這卻會扼殺想像力和創造力。如果你重視自己的獨立性甚於工作保障（但願如此），千萬別去大公司。

創造力始於好奇心。每個人都天生好奇。只消觀察幼兒如何努力理解周遭世界，就會明白這點。但如果父母過度保護孩子，總是擔心孩子的健康與安全，很容易扼殺孩子天生的好奇心。大多數的創業家在家都排行老二或老三，應該不是偶然。生下第二胎和第三胎時，父母已懂得放輕鬆一點。創業家和優秀的科學家一樣，會不停問問題：怎麼回事啊？你確定嗎？是這樣嗎？有沒有其他可能？有什麼證據？這些數據可信嗎？

創業家集好奇心和勇氣於一身。他們天生好問，充滿好奇，同時勇於實踐自己的想法，從失敗中學習。如果行不通，只需要刪除一個選項，永不重蹈覆轍就成了。他們的心得是，如果你從未失敗，就表示你嘗試得不夠。聽說詹姆斯．戴森（James Dyson）試了五千一百二十七個吸塵器的產品原型之後，才找到對的設計。每一次失敗，都讓他更接近目標。

大學時代讀哲學，激發了我的好奇心。教授列出一連串我們應該好好研讀的哲學家，我起先以為應該把他們的論述當成世俗版的聖經，好好了解並吸收。但我欣喜的發現，老師根本沒興趣聽我背誦哲學家的理論，只想幫助我發展出自己的理論，他們用過往的哲學家來刺激我思考，而非要我把這些人當成權威。這是我建立心智自由的關鍵。今天我可以名正言順的擁有自己的想法，勇於提出任何質疑，只對我認為正確的事情表示認同。好的教育應該在我更年輕時就鼓勵我這樣做。有的人從來不曾接受過這樣的教育，只會不斷背誦別人訂下的規矩，視之為神聖不可侵犯。他們不自覺成為他人世界的囚徒。我現在認為，哲學非常重要，不應只是專業哲學家的研究範疇。每個人都應該像哲學家一般思考，而且要從小學開始。

科學也始於好奇，然而和宗教或我的老師不同的是，科學家從不會一口咬定自己知道答案。在科學家眼中，前人對於物理世界如何運作的敘述既不算對，也不算錯，只不過是還缺乏足夠的正確性罷了。優秀的科學家總是不斷質疑現有知識，突破極限，檢驗假設，希望對世界有更全面的理解。在日常生活中，我發現先假定每個人的看法都值得聆聽是個好方法，即使他們的言論大都胡說八道，難以接受也一樣。雖然他們可能錯的比對的多，但在諸多錯誤中，常常隱含一些正確資訊。即使傻子懂的東西都比他們自以為的多。蘇格蘭哲學家大衛・休謨（David Hume）曾指出，真理來自於朋友間的論辯。根據我的經驗，這也是成功辦好聚餐的最佳良方。不過我喜歡把聚餐人數控制在四到六人，讓每個人都有機會表達自己所認知的真相。

我學到的另一件事是，心存懷疑沒關係，儘管去挑戰傳統或質疑大眾眼中的真理。我在教書生涯中曾擔任過新教授審核委員。其中有一位候選者素以演講生動有趣及顧問經驗豐富聞名，顯然是他那一行的專家，那麼為何委員會在討論是否要升他為教授時，仍有些許不確定？這時候，有人點出大家的疑慮：「理查的問題在於，他缺乏適度的懷疑。」除非你總是願意質疑傳統智慧，甚至相信自己可能犯錯，否則就不可能成為優秀的學者。勇於質疑自己的信念和行動，往往是最好的學習方式。

用好奇心再造傳統

我在七十多歲時寫了一本回憶錄。我發現，裡面最有趣的片段是探討我犯下的錯誤，以及從中學到的教訓。如今我很希望年輕時能更勇於嘗試和犯錯。果真如此的話，我還算有趣的人生也許因此會有趣得多，也更有助益。回首來時路，早年所受的教育讓我無法追求真實的人生。在強調循規蹈矩的課堂上，好奇心備受打壓，甚至被視為搗亂。做功課時請朋友幫忙會被視為作弊，犯錯當然更代表失敗了。幸好後來研讀哲學對我幫助很大，哲學思考從問問題開始，欣然擁抱種種不確定，我才能擺脫早年的心態，但毫不質疑的服從權威的習慣仍然陰魂不散，多年後才真正戒除。

內人年少時跟隨從事軍職的父母到世界各地，曾經念過十幾所不同的學校，最後就讀於一家友善但素質不佳的學校，學校裡只有兩名年老的教師。她在十六歲時離校，沒有拿到任何證書，每個科目都沒學到什麼東西。然而無止境的好奇心卻讓她一生受用無窮。她願意對任何人、任何事提出挑戰，質疑是否非得這樣不可，還是可以採取不同做法。她的思考方式有如優秀的科學家，而且事後往往證明她是對的。從許多方面來看，她都是理想的終身學習者。對她而言，每次經驗都是很好的學習機會。幸運的是，她從來不曾受過填鴨式教育。快走到人生盡頭時，她突然決定絕不重複煮相同的菜色。我問她為何如此，她說：「因為我想不斷嘗試新東西。」在她眼中，人生代表無盡的學習機會。

身為我的經紀人，她幫我安排演講時，常常氣惱主辦單位堅持演講完要預留一段時間回答問題。她覺得問答總是很沉悶，會毀了先前演講激發的興奮情緒。通常會有一半的聽眾坐在提問者後面，看不到提問者是誰，另一半聽眾坐在提問者前面，背後也沒有長眼睛。結果聽眾根本不知道是誰在提問。再加上提問者常常只是藉由提問來一段小小演講，發表自己的看法。她說：「何不把它變成持續的對話？」於是她提出「空椅子」的點子。她請主辦單位在講台上提供三張椅子。我坐在中間那張椅子，邀請任何想和我談話的人坐在左邊的椅子，右邊那張椅子則空著，讓下一位交談者填滿這個位子。他們坐定之後，我先和第一位聽眾對話，然後他回到座位上，把椅子空下來給下一位參與者。如此這般，在所有聽眾面前進行一系列簡短的對話。每個人都很喜歡這種方式，有如電視上的名人訪談。這只是其中一個例子，可以看到她如何出於好奇心而挑戰傳統，並再造傳統。

只要懷著好奇心，旅行能讓你產生不同的思考。有個朋友不認為如此，她始終認為，旅行會讓心靈變得更狹隘。有時，我不得不同意她的觀點，因為我看到有些觀光客雖想遊歷世界，卻離不開自己熟悉的文化，總是住在熟悉的連鎖旅館，吃著在家鄉也吃得到的食物，說著自己的語言，透過相機鏡頭來觀看造訪的城鎮，而沒有和實際在那裡生活的人們有任何接觸。他們在確認自己原有的偏見後回家去，又因為回到原本生活的地方而覺得輕鬆愉快，心胸不但沒有擴大，反而變得益發狹隘。我知道，只要帶著好奇心，敏銳的探索不同地方的生活方式，你們的旅行應該不至於如此。內人和我都喜歡帶有社會學色彩的觀光方式。我們不愛看古蹟廢墟，除非它真正具有歷史價值。我們感興趣的是人，他們如何生活、重視什麼，社會如何運作。這是為什麼我們總是搭公車或火車旅行，而不搭計程車，因為比較容易觀察眾生百態。

有時候，歷史會與社會學結合。有一年，我們參觀波斯波利斯（Persepolis）遺跡。波斯波利斯是西元前五百年的波斯首都，當時的居魯士大帝（Cyrus the Great）統治全球最大的帝國三十年，涵蓋二十七個不同的國家。我們站在那裡，思及在那只靠騎馬傳遞資訊的年代他是怎麼辦到的，不禁肅然起敬。那是聯邦結構的早期例證。有些事情由中央控管，例如挑選地區首長或省長，有些權力則下放。居魯士還大力推行人權，並且明文刻在居魯士圓筒（Cyrus Cylinder）上，留存至今。他釋放猶太人俘虜，讓他們回到家鄉耶路撒冷，因此耶路撒冷的猶太人稱他為救世主，他是第一個博此稱號的非猶太人。站在古蹟前，想到他的管理原則足以成為今日跨國企業的典範，這是懷著好奇心出遊的收穫，能刺激你進行不同的思考，從觀察別人如何生活和工作中，找到不同的人生典範。我希望你們在人生道路上，也會懷著好奇心四處遊歷。

第七封信

你有多聰明？

如今你應該已經考過很多試了，也許都考得很好，自認聰明過人。也可能成績沒有達到自己和父母的期望。不要灰心，你的聰明可以表現在不同的地方，而且可能還對人生更有助益。

我們必須承認，不是每個年輕人都具有學術傾向，說不定你也是如此。那麼，為何我們期望每個人都要把聰明才智發揮在學業上，而忽略其他表現方式？亞里斯多德率先指出，人類智能可以分成三種不同類型：知識（episteme）、技藝（techne）、實踐智慧（phronesis）。世上能等量擁有三種智能的人寥寥無幾。哈佛大學教授霍華德．嘉納（Howard Gardner）進一步描繪八種不同的智能，包括音樂性、情緒性與實踐性等方面的智能。[16]他指出，某人可能是很棒的音樂人才，數學卻無可救藥，或雖是板球高手，卻是班上的劣等生。嘉納還是認為他們很聰明，只不過他們的聰明有自成一格的表現方式。如果學校只把焦點放在認知性的智能上，那麼學校教育對你有害，別讓他們得逞。現實人生需要更多實踐智慧，或許如果稱之為智能，更容易得到教育系統的認可和接受。

單單學業成績好，不見得意味著你在現實人生中也會表現優異。我曾在英國首屈一指的商學院主持研究所課程。研究所要求所有申請入學者都必須附上學力測驗成績，以評估他們的數學能力和理解能力，商學院會競相吹噓申請者必須達到多高的學測分數門檻才能入學。當時我就發現，學生入學時的學測分數和入學後的成績沒什麼關聯，和他們日後在職場上的成敗更不相干。所有的入學考試只會告訴我們，考低分的學生日後應付課業要求會非常辛苦。我曾經數度因為申請者面談時展現的求學動機和人格特質，而推翻入學審查委員會基於學測成績而推

16 編注：嘉納提出的八種多元智能分別是：語文智能（verbal-linguistic intelligence）、邏輯數學智能（logical-mathematical intelligence）、視覺空間智能（visual-spatial intelligence）、人際智能（interpersonal intelligence）、肢體運動智能（bodily-kinesthetic intelligence）、音樂節奏智能（musical-rhythmic intelligence）、內省智能（intrapersonal intelligence）和自然智能（naturalistic intelligence）。

薦的錄取名單。幾年後，很高興看到其中許多人儘管求學時備極艱辛，後來都成就非凡。他們靠決心克服難關。

人生的六個僕人

無論你的聰明才智表現在哪方面，你仍需應付人生碰到的實際問題。教育的一大弔詭是，關於人生，所有真正重要、必須學會的事情都無法透過教導習得，我們只能在不斷探索中學習。你要怎麼學會如何和陌生人相處？怎麼知道什麼人值得信任？又從何得知該如何規劃人生？諸如此類非常實際的問題，沒有任何老師有辦法把你教會，還不如奉吉卜林（Rudyard Kipling）為人生導師。當我走出教室，在現實世界中碰到各種棘手的人生難題時，我發現吉卜林對我幫助很大。創作出《原來如此故事集》（*Just So Stories*）和偉大詩作〈如果〉（*If—*）的吉卜林，曾為相識的年輕女孩寫過一首小詩：

我有六個忠實的僕人，
（我懂得的一切，都是他們教的）；
名字分別為「什麼」和「為什麼」和「在何時」
和「怎麼做」和「在哪裡」和「是什麼人」。

他說得很對。踏上人生旅途時，這幾個「僕人」總是隨侍在側，解答各種關鍵問題。不同的情況有不同的答案，因為每次的情況都和之前有所不同。這也是為何教育工作如此困難，容易形成假象。學校自稱能幫你為未來人生預做準備，但如果不清楚你面對的特殊情況，學校根本無法解答你在現實人生中碰到的實際問題。

想像一下，你遇見某個人，開始思考他有沒有可能成為理想的終身伴侶。這時候很適合把吉卜林的問題拿出來：他真的是合適的對象嗎？為什麼你現在想找個伴？應該考慮哪些事情？現在是找另一半的適當時機嗎？應該怎麼提出這個問題？你打算在哪裡生活？這些都是開放性的問題，沒有正確答案，完全看你怎麼想。悲哀的是，大多數夫妻都在結合後才開始問這些問題。我和內人從來不曾討論我們的人生要怎麼走，要不要生小孩，或可能住在哪個國家。我們純粹墮入愛河，想在一起。

或者你正考慮買房子，而且看到一棟中意的房子。也許你應該先停下來想一想：為何寧可買房，而不是租房？現在是買房子的好時機嗎？你正在享受人生，真要為了存錢買房子而削減支出嗎？房子要買在哪裡？如何負擔房貸？需要誰的幫助，是房地產仲介、建築師、會計師、房貸經紀人、房地產鑑定員？應該如何挑選適當的房子？你需要吉卜林提議的所有幫手，至少他為這些問題提供很有用的檢核清單。

問題是，你對於如何使用這份檢核清單毫無經驗。或許你寧可相信自己的直覺，一看到就中意，忽略了其他問題。你甚至可能挑對了房子。但吉卜林和我都會勸你三思而後行，讓其他幫手也能表達意見。在我的婚姻生活中，總是由內人發揮本能，我則進行分析，把吉卜林的問題在腦子裡盤算一番，可能因此引發兩人激辯，最後她心不甘情不願的認輸，卻仍嘴硬：「但還是我說得對。」延遲一天決定往往會帶來莫大好處，不妨用上述問題檢測一番，看看你的直覺能否通過考驗。

事實上，沒有任何人或任何學校可以告訴你：要不要選擇此人作為終身伴侶？或應該買這棟房子嗎，還是等等看有沒有更好的房子？學校也沒辦法告訴你應該選擇哪一份工作，或即使候選人拚命拉票，你應該投誰一票。

我先前曾經主張，學校和谷歌都喜歡處理封閉式問題，也就是已經知道答案的問題：太陽離地球多遠？水的成分為何？瘧疾的病因是什麼？學校可以教你如何到達婆羅洲，卻沒辦法回答下列問題：你為什麼需要去婆羅洲？學校應該做的是，教你更懂得運用吉卜林先生列出的問題，因應每天在生活中面對的實際挑戰。不妨先從下面這個問題開始：我今天為什麼要起床？

學校最懂得應付已知世界，但教育可以做得更多，也應該做得更多。本書另一封信的主題《小即是美》（*Small Is Beautiful*）的作者恩斯特．修馬克（Ernst Schumacher）說得好：

> 我們的平凡腦袋總是想說服自己，我們不過是橡子，能成為更大、更胖、更出色的橡子就是最大的幸福；然而唯有豬才是如此。信仰讓我們明白更重要的事情：我們可以長成橡樹。

橡樹會朝向未知的空間開枝散葉，成長茁壯，我們也需如此。學校可以為我們打下根基，但我們必須靠自己成長茁壯，而真正的教育會讓我們預先進行必要的演練。像谷歌之類的新科技之所以令人振奮，是因為學校能藉此跨出已知的領域，探索我們的各種潛能，讓我們自行運用谷歌來學習已知的知識。

我不相信庫存式的學習，許多人以為可以從老師那裡學到畢生所需知識，把學到的東西儲存在腦子裡，需要時再拿出來用。這樣是行不通的。有人提出用進廢退說，他們說得很對。教導不見得能帶來學習。我寧可認為學習是經由協助、平靜沉澱後理解的經驗。因此必須先體驗，再學習。試想一下幼兒如何學習，我們其實也一樣。學校卻把順序弄反了，所以大半時候都無法奏效。

離開學校學習

我想像中的未來學校會推動專案導向的學習，強調解決問題的能力。學生以團隊合作方式，運用能提供資訊的必要科技，解決日益複雜的問題。目標是讓學生有機會練習運用吉卜林的六個幫手，並累積和別人合作的經驗，因為吉卜林問的「怎麼做」往往包含和別人合作。完成專案後，學生會反省有哪些地方做錯，哪些地方需要改善，從而學到正確的做法。

我希望有朝一日能看到學校和周遭社會連結得更加緊密。學生可以為真實的客戶，也就是包括企業在內的本地機構，完成專案。今天英國大學和愈來愈多科技夥伴結盟，為十四歲到十八歲的學生提供實用導向的混合式教育，他們除了課堂上的教學，還到贊助機構實習。俗話說，教養一個孩子需要集全村之力。在現代社會中，所謂的村子也許是指周遭提供實習機會的組織網絡。過去的年輕人從工作中學習如何工作，很多人沒能接受正式教育，不到十四歲就開始全職工作。今天的都會聚落常淪為青少年幫派的溫床，他們從中學到的技能也許實用，卻非常反社會。

教育改革者熱中於提升年輕人在教室裡的認知能力，卻忽略我們往往在校外、在職場上學到更多。雇主因此抱怨招募來的新人缺乏必需的基本能力，包括能準時上班、為自己的行為負責、積極主動、具備常識、懂得尊重別人。愛爾蘭正在實驗以十六歲為過渡年，讓學生在十六歲時離開學校，進行各種專案、參與實務工作並且四處旅行，在此期間，他們會把學校課業的分量減到最低。如果學校不能提供校外實習的機會，我非常鼓勵你們趁學期間的長假，自行尋找實習機會。某些學校提供為期一週的「工作體驗」，這充其量只算實際體驗的蹩腳「預告片」罷了。曾有人問喬治．歐威爾（George Orwell）他的智慧從何而來，他回答：「在伊頓公學放假期間學到的。」所言甚是。人生需要的許多知識都必須靠自己學習而來，不是別人能教得會的。

在我想像的未來學校成真之前，我們必須靠家庭來孕育吉卜林的小幫手。家庭才是人生的真實學校，至少理應如此。太多家庭不是不了解這點，就是缺乏耐心，沒有為孩子的學習擔起應盡的責任，寧可把教育責任託付學校。我認為，就目前而言，這樣是對學校過度要求了。諷刺的是，有時候父母親疏於照顧，反而能培養孩子自動自發學習的習慣。只要不受管束，年輕人很快就會發展出吉卜林的某些技巧，但如果缺乏適當引導，這些「是什麼」和「為什麼」的問題也可能把他們帶到錯誤的方向。我曾經說過，人生最重要的三個角色都不需要任何認證，也缺乏正式訓練，我指的是政治家、管理者和父母的角色。在我看來，其中最重要的是父母的角色。我們有辦法擺脫惡劣的政客、蹩腳的主管，卻無法脫離糟糕的父母，除非可以證明父母確實對孩子帶來身體上的傷害。

如此一想，你在啟動程序，將另一個小生命帶到世上之前，居然不必預先取得任何許可，是不是有點莫名其妙？因為每個小生命誕生後，至少在十八歲之前，都會為國家體系帶來莫大負擔，耗費將近十萬英鎊。無論有意或無意，一旦你啟動這個程序，就有責任盡力讓孩子認識吉卜林的六個小幫手。無論學校多麼用心良苦，沒有任何教育機構能取代父母每天親身教導和以身作則，而且最好父母雙方都參與。切記，小時候，從觀察中學到的遠比從聆聽中學到的還多。父母親怎麼做遠比說什麼重要多了。從孩子誕生的那天開始，你就是他的榜樣。當你的第一個孩子來到世上，要好好想想我說的話。

第八封信

人生是一場馬拉松

我記得很清楚，求學時代，每學期結束時，班上都會按成績排名次，我是個書呆子，通常表現優異，名列前茅，經常拿第一，因此成績退步、甚至有一次落到第四名之後時，我感覺糟透了。儘管還有十幾位同學名次在我之後，我仍然失敗了。當然不是真的失敗，而是在自己心目中，以及在突然變得憂心忡忡的雙親眼中，我失敗了。他們問：你還好嗎？怎麼了？我們需不需要去學校和老師談談？

我說，沒什麼大不了的，不過有幾場考試考壞罷了。但我很擔心，擔心自己成績落後，會讓老師失望，我辜負了他們，也辜負自己。所以我開始收心，用功念書。

回首那段日子，我很納悶為何甘於讓別人用比賽成績來衡量我是否進步，我必須和對手競爭，而且比賽跑道由老師挑選，而不是出於自己的選擇。假如我的對手是一群更聰明的孩子，我的排名會不會變差？而且我很快就要接受考驗，在全國大考中和所有同齡對手競賽。我到時候會表現如何?假如我在更大的比賽中失敗了,我會感覺如何?假如轉換跑道競賽,例如在足球場上比賽,我的表現會有多糟?我很想知道,人生是否就是一連串競爭。如果是的話,我是否應該選擇更艱難的跑道,雖然表現比較差,但或許會學到更多東西,還是我應該參加輕鬆一點的競賽,因此更容易勝出?到頭來,所有這些好勝心究竟有何意義?如果贏了,我會受到激勵,想要贏更多嗎?如果輸了,我會努力求進步,還是乾脆放棄,承認失敗?

這是競爭帶來的問題,不僅在學校裡,還會出現在人生各個層面。在賽馬式競賽中,唯有名列前茅者受重視,其他競賽者都是輸家。對主辦者而言,這種篩選機制很有用。對參與競賽的馬匹和騎師而言,卻不是那麼理想,最後他們大都淪為輸家。但儘管根據過往經驗,他們不可能贏,為何還繼續參加比賽呢?也許他們會明智的選擇參加較低階的比賽,取得較佳的成績。或者他們就是喜歡懲罰自己，相信只要不斷接受試煉，挑戰比自己厲害的人，就會進步。你是哪一種馬匹或騎師？你會選擇和誰較勁，比你厲害的人，還是不如你的人？你參加的比賽適合你嗎？

在資本主義制度下，國家經濟完全奠基於賽馬式競爭：大家競相爭奪顧客和資源，輸家垮台，少數勝出者可以享有戰利品，直到自己被淘汰出局。只要計分基準沒錯，裁判也很公平，整個社會確實能從中獲益，但並非總是如此。比方說，假定能提供顧客最佳品質、服務、價格的企業都能在市場上脫穎而出，的確令人欣慰。但如果大企業透過合併來降低價格，迫使小公司虧損、潰敗，就會形成不公平的市場。近年來，網路零售商亞馬遜（Amazon）雄心勃勃的宣稱要成為全球最大商場。為了達到目的，亞馬遜不斷降價，部分原因是，亞馬遜商品數量龐大，他們可以用更低廉的價格銷售任何商品，更重要的目的則是把對手趕出市場。如果你的對手不在乎利潤，只在乎銷量，確實很難跟他競爭。這是為什麼每個市場都需要制定嚴格規範，以維持公平競爭。

競爭式賽局也可能公然遭到誤用。我有個朋友多年前創辦一家電腦顧問公司，幫企業設計電腦系統，算是當時的先驅，是快速成長的時髦行業。他登廣告招募軟體工程師，收到數百封應徵信。他預先設計一系列能力傾向測驗來選才，但要執行這些測驗所費不貲，他必須縮短名單，先篩選出一些可能的人才，所以儘管沒有證據顯示學術能力和編碼技巧或系統設計能力有任何關聯，他仍用應徵者高中會考的成績來篩選人才。

我問他：「你為什麼還會採用高考成績呢？」

「因為我得想辦法減少名單上的人數。我也可以用身高或生日來篩選，但高考成績儘管不能反映工作技能，卻是比較可以接受的篩選方式。」

這種狀況可說是用無障礙賽跑的方式來挑選跑障礙賽的選手。我擔心人生中常會見到這種情況。先到先得的原則也許適用於搶票的時候，卻無法保證招募到最優秀的人才。正因為我不相信大家對所謂「賽馬式競爭」的誤用和扭曲，所以我轉而選擇另一種競賽方式：馬拉松賽跑。對於名列前茅的跑者而言，馬拉松賽跑和賽馬一樣，會分出勝負，有冠軍，也有亞軍。但對其他三萬名參與馬拉松的跑者而言，馬拉松賽跑是一場盛會，他們只和自己比賽，並不打算擊敗別人，只想比上次進步，或考驗自己的耐力。他們和自己比賽是為了求進步，而不是企圖獲勝。這是長跑，而不是短距離的快速衝刺。

跑到終點，就是贏家

在我心目中，人生比較像跑馬拉松。我們為自己訂定標準，努力求進步。一路走來，更多的訓練和親友的支持都很有幫助。但由於其他許多人也都想突破自己的馬拉松紀錄，所以有伴同行，十分愉快。你自行設定步伐，享受跑步的樂趣，而不單單追求速度。更重要的是，還會有下一次競賽，所以如果今年你沒跑好，明年總是可以再來。人生漫長正如馬拉松，唯有自己才會不斷考驗自己。但只要跑到終點，每個人都是贏家。

從這個角度來看人生，你可能會選擇退出所有的賽馬式競賽，這正是我在將近五十歲時做的決定。我曾在三個組織工作過，後來在其中最小的組織攀上頂峰。但我發現即使在那裡，仍然有人地位在我之上。我發現，組織中總是有董事會、董事，甚至下屬也總是期望你能讓他們忙得充實愉快，同時不斷成長。換句話說，總是有人透過自己的期望，為你設定目標。於是我決定不再和組織有任何瓜葛。唯有我才能決定我的目標，我要展開自己的馬拉松。於是我成為獨立作家和講者。這不是容易的事。我在第一個星期成立自己的小小辦公室，設置文件收發籃。五天後，我困惑的發現收發籃中空無一物，這時我才恍然大悟，過去我一直在因應別人的需求，工作自然而然會落到我頭上。但從現在開始，我得自動自發，自我要求。

但起步維艱，我得採取新的策略。除非我想想辦法，不然什麼事都不會發生，沒有人會替我寫我想寫的書，甚至沒有人會問我要不要寫書，這是我為自己設定的任務，而且我發現自己是個嚴厲的監工。我為自己設下截止期限，安排每天的工作時間表，把自己封鎖在鄉下，沒有週末，也沒有假期，直到至少完成初稿。由於我自己擔任監工，時間表也是自己設定的，所以不會覺得有壓力。我正在跑自己的馬拉松。一年又一年過去，隨著我寫的書愈來愈多，我跑了更多場馬拉松。整個過程從來都不容易，但只要結束一場馬拉松，我都迫不及待要開始另一場馬拉松。真正的馬拉松跑者都會承認，跑馬拉松已經變成強迫性的行為，但因為跑馬拉松是出於自己的選擇，他們總是跑得很愉快。

年輕的時候，參與競爭很好玩，一方面考驗自己，又可和別人一爭高下，當你決定參加各種不同的競賽時更是如此。不過，如果輸太多次，你可能會十分沮喪；但太容易贏的話，比賽又會變得沉悶無趣。我曾見過許多成功的企業家，他們感覺為自己的成功所困，卻又無力停止競爭，擔心招致過多損失。我現在明白，我應該更早退出和同儕的競爭，轉而和自己競爭，但當年還沒有人跑馬拉松，不像今天大家都熱中於跑馬拉松。

第九封信

你是誰，比你做什麼更重要

多年前，內人和我想去義大利住一段時間。我們到義大利幾個月後，朋友問我們有沒有見過那群尤斯特比（Eustabies），我們說：「沒有，那是誰呀？」朋友解釋，她不是指尤斯特比家族，而是指那些被問到他們是誰時，總是用「喔，我從前是……」開頭，然後告訴你他們到義大利過退休生活前是做什麼的人。真悲哀，這些人仍在用過去的人生角色定義自己。

首先，都是我們的錯。我們原本就不該把別人侷限在框框裡，放在職務或角色的框框裡。然而，我們和別人初次謀面，試圖了解他時，難免會這麼做。就好像一隻狗初次見到另一隻狗時，會用鼻子嗅一嗅彼此，我們也會相互繞圈圈，尋找線索。但我們不該這麼做，我們很可能因為他的回答，而用我們對某個職業的刻板印象來看他，認為會計師都很呆板，數學家都聰明絕頂，政客工於心計，生意人則很貪婪。如果我們初識一個人，還來不及和他聊幾句，就已經對他心懷偏見，真是太不公平了。可悲的是，大家都是如此。

最近朋友問我有沒有見過剛搬到村子裡的某個人，我也從中學到一課。他說：「你會喜歡他。他剛退休，正在尋找新嗜好和交新朋友。」

我問：「他以前是做什麼的？」

朋友困惑的看著我說：「我不曉得，這有什麼重要嗎？」

「不重要，當然不重要。」我回答，有點不好意思，我正在做我過去指責別人的事情，用別人現在或過去的工作來定義他們，卻被逮個正著。你自稱是建築師，從此你就終身為自己貼上標籤。如果你對建築業懷抱熱情，你可能很開心，但不是每個人都喜歡被別人貼標籤。這就像判刑一樣，會跟著你一輩子。

我們藉以謀生的方式無法代表我們這個人。內人曾做過一個有趣的攝影研究，她要求攝影對象用五件物品和一朵花構成的圖像，描繪他們的人生。這個練習非常發人深省，你也應該試試看。大多數人都用選擇的物品來象徵所愛，例如人生伴侶或家人。也有人選擇能喚起童年記憶或雙親或嗜好的東西，例如音樂或閱讀或帆船。她有時發現，沒有人挑選物品來象徵自己從事的工作。有個年輕女子在石油業位居要職，我跟她提到這點時，她回答：「喔，那只是我做的工作，不能代表我這個人。我希望有朝一日，我的工作也能反映出我是什麼樣的人。」我完全理解她的說法。她讓我印象深刻，因為她似乎是個野心勃勃的年輕女子。幾年後，她果真放棄石油業的工作，成為登山客、嚮導和探險隊長。我還記得當年她的肖像中有兩件物品乃是從大自然和戶外活動得到的靈感。

還有一次，內人和一名年輕創業家一起做這個練習。他選擇的第一件物品是皮夾，裡面塞滿一元美鈔，我們當時在美國。他拿起鈔票，把它放在桌子中央，說：「這就是我，我先是個生意人。」然後停頓一下，看看桌上的皮夾：「不對，不是這樣，賺多少錢不重要，我的夢想是，假如我能推出正確的產品，要看看我的產品如何在世界各地改變大家的生活。」可以想像，在那一刻，他改變了那年輕組織的文化和優先順序，讓員工擁有可以認同的信念，畢竟誰會因為幫助老闆致富而大感振奮呢？插一句題外話，我經常納悶，為何業界領導人總是認為提高股東價值可以激勵員工？拚命為陌生人創造財富，如果不是近乎唐吉軻德式的樂善好施，就不過是愚蠢罷了，無論如何都不可能為企業奠下穩固基石。

別讓工作綁架你

不過，無論是因工作上的需求讓你醒著的時間都在工作，或你認為工作帶來的滿足感勝過人生其他一切事物，當你愈來愈投入工作時，工作往往會控制你的人生。我是過來人。我當時在新成立的商學院，為步入職涯中段的主管設計新的教育課程。在我心目中，第一批入學的十八名學員非常重要。他們能否成功，決定整個計畫的成敗，也關乎我的未來前途。我需要全神貫注在這個計畫上，至少我當時是這麼想的。每天孩子尚未醒來，我就出門上班；等到我下班回家，他們早已上床睡覺。到了週末，我疲憊不堪，但仍需為下週的工作預做準備。於是我為求平靜，避開家人。內人抱怨時，我告訴她，我是為了她和整個家在辛苦打拚；我說，我必須成功，才能供應他們所需的一切。她很不以為然。我還記得她說，她顯然得當上我的學生，才能看到我最好的一面，或才有機會看到我。她說，她嫁的人是我，不是嫁給倫敦商學院。

我終於及時醒悟。不過，我看過太多婚姻因為其中一方或雙方太過投入工作而失敗，他們重視自己是做什麼的，更甚於他們是誰。當然在全年無休的世界裡，有的人甚至還需要不斷出差，很難有充分的時間脫離工作，完全做自己。我們也許希望自己在公司和在家裡都是同一個人，但真實狀況可能會讓你嚇一跳。有個事業成功的朋友在公司親子日帶女兒一起上班。後來我問小女孩有何感想，她說：「感覺很奇怪。坐在那張大桌子後面的人不像是爹地，而是我從沒見過的人。」

不可避免的，我們在人生不同層面會展現不同面貌，所以必須開拓出充足的空間，讓自己的每一面都被看到。老實說，我們在職場被需要的程度或許不如自己想像中那麼高，只不過有時候，上班比待在家裡有趣、也刺激多了，而且我們自認也表現得比較好。一旦建立自己的家庭，我勸你要牢記上面幾點。保羅．伊凡斯（Paul Evans）和費南度．巴托羅梅（Fernando Bartolomé）寫的《成功非得付出這麼高的代價嗎？》（*Must Success Cost So Much?*）是在這個階段的人生影響我最深的書之一。書中記錄一系列對企業高階主管的訪談，問他們如何看待自己的人生。書名說明了一切：每個人都後悔在孩子還小、最需要他們的時候，花太少時間陪伴家人。

週末正逐漸消失。科技正在瓦解我們不工作的休息時間。今天，不是只有醫院、監獄和航空公司才全天候營運，每個人都可以全天候工作，許多人也確實這樣做。

然而週末之所以存在，自有它的道理，我們至少需要有個星期日、星期六或星期五，端視每個國家信奉的宗教而定。他們說，連上帝都會在第七天歇息，反省一星期來的工作，雖然和我們不同的是，神「看著是好的」。上帝說得對，俗話說，只用功不玩耍，聰明孩子也變傻。我們不只需要玩耍，我曾說過，大部分的學習都是在寧靜中理解過往經驗。我們需要時間與空間來反思過去一星期或一個月以來，哪些事情做得對，有哪些事情原本可以採取不一樣的做法。如果缺乏這樣的省思，我們永遠不會改變或進步，或盡己所能，充分發揮。

自己安排休息時間

我們必須把休息和反省變成常規。問題是，今天我們必須自行安排這樣的規律，無法期待組織或其他人為你安排。但拜新科技之賜，這應該可以輕鬆辦到。

過去大多數人一星期工作五天，每年工作四十七週，還有一些假期，所以加總起來，每年的工作天數為兩百三十五日，留下一百二十一天來休息、玩樂和省思。我們可以每星期花一天來休息和玩樂，於是每年就剩下七十天左右用來思考和學習。或我們也可以稍做調整，花更多時間陪伴家人和玩樂。不一定非得在星期天休息不可，我們發現，星期天是一星期中最安靜的一天，比較不會受到干擾，可以安心工作，星期五反而可以拿來參與文化活動及和朋友聚聚。重點是，這不只是我們的選擇，也是我們的需要。沒有社會常規可以充當指引時，我們必須訴諸自我紀律。

我的習慣是早餐前去外面散步四十分鐘，通常都去我家對面的樹林。散步不但有益健康，更重要的是，會讓腦子放慢速度。我認為散步是一種「漫無目的」的活動。我一天中大部分時間不是前往某個地方，就是在做某件事情，唯有每天這個時間，只是漫無目的散散步，朋友稱之為「閒逛」。此時放眼望去，可以看到大自然呈現它最好的一面，非常撫慰人心、不加批判、包容錯誤，是美好的同伴。散步時，我任由心靈漫遊，思考今天該怎麼過，也回顧過去幾天。然後我試圖在這樣的氛圍中拋開日常瑣事，審視未來幾週的優先順序。我發現我們很容易讓別人的需求決定自己的日程安排。我本能喜歡忙碌，對別人的要求總是來者不拒，我必須設法不讓這類要求占據我所有的時間。

你或許會說，這是某種形式的「正念步行」（walking mindfulness），但我不會認為這樣是出世，我只是取回人生的掌控權，重新設定優先順序，因此必須脫離日常工作環境，進入節奏不同的另外一個空間。在那裡，蟲鳴鳥叫及風吹樹葉的沙沙聲，取代了電腦鍵盤的敲擊聲。我的朋友大衛・普爾（David Pearl）創立了一家新的社會企業「街頭智慧」（Street Wisdom）。他邀請所有登入街頭智慧網站的人加入他們的團體，大家會在特定的時間地點會面，花幾小時的時間在附近的街頭散步，靜靜觀察周遭發生的事情。如果願意的話，還可以和路上碰到的人交談，從所見所聞思考生命的豐富多樣。然後大家再回去共同討論這次經驗帶給他們的衝擊。這項活動完全免費，如今全球各地許多城鎮和都市裡都有人起而效尤，大家似乎很喜歡藉由這項單純的活動，毫無目標的漫步都市中。

第十封信

小即是美

一九七三年，英國／瑞士經濟學家恩斯特・修馬克寫了一本書，書名叫《小即是美》（*Small Is Beautiful*）。書名是編輯福至心靈想出來的，本書主要宗旨其實隱含在副標中：「把人當回事的經濟學」。三年後，我有一部探討組織的著作忍不住盜用這個副標，稱這本書為「把人當回事的管理學」（**Management as if People Mattered**），因為這是我想在書中傳達的核心訊息。我漸漸明白，如果真的把人當一回事，應該盡量讓員工在能夠彼此認識的環境裡工作，因為你怎會信任或仰賴從來不曾見過的人呢？工作環境的規模符合人性，員工才能充分發揮。想要把工作做好，保持小規模即使非必要，仍然比較好。

大公司有時只是安排工作的機器

我會這麼想，主要受親身經驗所影響，我剛出社會的頭七年，任職於龐大的殼牌集團旗下子公司，最初派駐新加坡，之後調到馬來西亞。依當時殼牌公司的標準，敝公司只是一家小公司。的確，英文稱「公司」為「company」，其實十分恰當，因為感覺像一群同伴，是一起工作的大家庭。每個人都受到妥善照顧，也互相認識，有時候簡直熟得像真正的家人似的。之後我回到倫敦，在殼牌集團總部上班，和傑瑞共用一間可以俯瞰泰晤士河的辦公室。傑瑞是我在總公司唯一的熟人，其他人都是公司高階職員。當你認為某人是要員時，表示你只知道他們的官方角色。你不知道、通常也不在乎他們是什麼樣的人，以及行事作風何以如此。他們的頭銜和職責掩蓋所有的人性面。像是警察這類公職人員往往穿著制服，讓民眾曉得他們正在執行公務，而非私人身分。

殼牌公司的員工沒有穿制服上班，雖然潛規則是上班要穿灰色西裝，打灰色領帶，適度隱藏個人身分。我們也把私下的自我面貌埋藏在職銜後面。辦公室門上掛著一個大大的銅製招牌，上面註明我們這個小部門的正式名稱：MKR/35。

下面插著兩張卡片，印著我倆的名字。在我看來，他們傳達的訊息很清楚，人名可以替換，部門才重要。我們寫備忘錄或信函給其他部門時，必須註明來自MKR/35部門，而非署名傑瑞或查爾斯。傑瑞似乎並不在意，我卻不然。我不再是我，只是「暫時占有職位的人」（temporary role occupant），這個缺乏人味的名詞正是重視職務甚於個人的官僚體系典型的用語。公司不再是一群同伴組成的大家庭，而是變成「組織」的複雜網路，只是安排工作的機器。我不喜歡成為機器的一部分。

我明白，在全球各地規劃安排油品的生產與輸送，是非常複雜的工作，必須建立作業規範和程序，系統化完成，但我不見得喜歡這種做法。我拿到所謂的「職務說明書」，描述我的工作內容如何成為整個系統的一部分。職務說明書長達三頁，鉅細靡遺的描述我的工作內容。最後有一行字「權限：能自行決定的費用支出權限為十英鎊」：這就是我的創造力或自主權的上限了。在我看來，這個數字代表他們信任我的程度，由此可見，他們對我的信任度不怎麼高。幾年後我寫了一本書，書名是《中空雨衣》（*The Empty Raincoat*）[17]，源自我在明尼亞波里斯（Minneapolis）的雕塑公園中看到的一尊雕像。我覺得中空雨衣正象徵大型組織看待員工的方式。他們外表像人，內在卻空蕩蕩的，只是企業棋盤上的馬前卒，棋局中被移來移去的棋子。

小規模才符合人性

好消息是，今天許多工作已不復存在，新科技包辦一切，理論上不再需要人類。大家不應為此感到惋惜，你們想必和我一樣，不喜歡過去的工作型態。儘管

17 譯注：中譯本書名為《覺醒的年代》，天下文化出版。

如此，大型組織仍會以某種形式繼續存在，因此形成一大挑戰。我們應將人力用在人類最擅長的工作上：群策群力，充分發揮創造力，以明智而高效能的方式完成工作。科技不應越俎代庖，試圖接手人類更擅長的工作，反之亦然。家人和家族通常最團結一心，即使意見不一致也無礙。傑出的英國輝格黨政治人物及哲學家愛德蒙・柏克（Edmund Burke）曾提及，社會乃是由許多「小單位」（small platoon）所組成，所言甚是。

為何村莊和小單位會勝過大型組織？因為小單位的規模較符合人性，容許你當個人，而不僅僅是齒輪。羅賓・鄧巴教授（Robin Dunbar）曾廣泛研究不同年齡層的人類群體，從古早社會直到現代社會，而得出「鄧巴數字」：一百五十。他表示：「只要我們是人，我們直接認識、可以信賴、產生情感共鳴的人數……最多不會超過一百五十人。」我在另一封信中也提過，人類不會改變。

根據我的經驗，一百五十幾乎是上限了。我很喜歡鄧巴的另外一個研究，他說我們的親密關係程度會呈現三的倍數。和我們十分親密、我們絕對信任的人也許只有五人：他們是我們最好的朋友。接下來，我們總是樂於為伍的好友或夥伴可能有十五位。和我們偶爾碰面、或曾經共事的人可能有四十五位。我們會寄聖誕卡或列為臉書好友、想要保持聯繫的人可能有一百三十五位。我發現對我而言，四十五人以下的工作小組運作得最好。每當經理人告訴我，他們的組織已經膨脹到一百人以上，「小心哪，你現在要開始推動專業分工，成立不同的部門，公司會變得更官僚，有如一部機器。」

當世界日益變成一個龐大的市場，我們就需要大型組織。像殼牌這樣的石油公司，或汽車製造商、製藥業、鋼鐵廠，以及許多類似的公司，都需要雇用大量人力來完成工作。唯有當每個人都在臉書註冊時，像臉書這樣的企業巨人才會成功，所以一旦競爭者出現，就會遭到蠶食鯨吞，這是贏家全拿的世界。中國和伊朗或許試圖保護自家經濟免受跨國企業巨人的衝擊，但科技終究會突破他們的保護網。恐怕唯有大企業才得以倖存。

各自獨立，但又互相連結

如都市般龐大的組織有沒有可能自我改造，變成眾多小村落的集合體，透過新資訊科技相互連結？我猜如果他們想要吸引最優秀、最聰明的新一代人才，勢必要踏出這一步。年輕人早已唾棄需耗費多年才能攀上高峰的傳統金字塔型組織。我們的職場愈來愈相信小即是美。

這類組織早已存在。不但新創公司在成功之前會保持小規模；大型組織也持續嘗試。中國的海爾公司雇用七萬多名員工，規模龐大。海爾是製造業，生產像電冰箱、烤箱、家電等實體產品，都是大型企業心目中似乎已經成熟的產品。但海爾主要由兩千個自主的小單位組成，這些七至十人的小組自行安排工作，只要他們能自我改善或提升業績，省下來的錢或新增的獲利會有一部分歸他們所有。我是聯邦制的信徒，我認為無論企業或政治機構，任何組織既想成長壯大，又希望保持小規模運作，最好採行聯邦制。英國人強烈反對聯邦制，這委實有點奇怪，因為從美國到澳大利亞，大英帝國獨立出去的許多殖民地都採行聯邦制；曾經敗在英國手上的德國也採行聯邦制，而且運作良好。

逆向授權

儘管英國對聯邦制戒慎恐懼，但聯邦制並不意味著中央集權，而是恰好相反。聯邦制的主要原則是輔助性原則（subsidiarity），這個討厭的名詞其實就是逆向授權的意思，權力掌握在組織中的小單位手中，唯有當中央可以把事情做得更好時，小單位才會授權給中央處理。唯有採行這樣的原則，由小村莊組成的城市才可以運作順利。《聯邦論》（*The Federalist Papers*）是起草美國憲法的開國元勳的論文集，如果你對政治感興趣的話，這本書很值得一讀。畢竟你不得不承認，美國遵循這些概念，一直運作得很好。

我和家人住在倫敦邊緣一棟很大的維多利亞式建築裡。這棟房子在一八九〇年剛建好時，是為居住的家庭和他們的僕人所打造的。主人一家連同僕人占據整棟房子，僕人都住在頂樓和地下室或隔壁的車房。這是所謂的「完整組織」，和這家人相關的所有人都住在一起，依其承擔的責任劃分階級，最上面是一家之主。今天，整棟建築分割成八個公寓，房客過著各自獨立的生活。我曾經算過，今天的居住總人數和一八九〇年一樣，我認為這棟房子就好像未來的組織；外表看起來都一樣，仍是一棟大房子，但內部卻由各自獨立的群體組成，大家共用某些設備，但基本上各自獨立，是相互連結的小群體。

今天的年輕人不管在企業、政府部門或慈善機構上班，大都在組織中開展職業生涯。暫時而言，這是合理的選擇。我把這些組織看成工作研究所，教導年輕人必要的工作紀律，同時也讓他們了解組織運作系統和例行作業、銷售與生產的必要性、重要的數字，以及可仰賴的工作夥伴。如果你是如此踏出第一步，那麼我預測你很快就會渴望小團體中的親密關係，以及可發揮的空間，希望有機會主動帶來改變。如果組織沒能提供這樣的機會，你應該轉換跑道，結束研究生的學習階段。人類原本就不該被當成機器。

第十一封信

你不是人力資源

組織可以很嚴苛，我曾說過，組織有時會變成禁錮人類靈魂的監獄。或許，這麼說有點嚴厲？但這是我的疑惑。還記得當年走出大學校門，被殼牌公司錄用時，我發電報給住在愛爾蘭的父母，跟他們說：「我的人生已經搞定了。」我真以為如此，因為殼牌公司假定我會一輩子為他們工作，他們也確保我按時領到薪水，對公司有用，退休後仍繼續領到錢。沒什麼需要我操心的。

等到我結婚後，情況大不相同。公司想派我去西非的賴比瑞亞工作，我視之為在公司往上爬的好機會，內人則不以為然。她說：「我先前不曉得原來我嫁的人是公司叫他去哪裡，他就去哪裡，叫他做什麼，他都照做不誤，不管『他們』是誰，而且還用組織中的階級來評價自己的人生。你以前知道自己是這種人嗎？」那是我第一次明白，我已經「和魔鬼簽下契約」，我後來如此形容。為了換取財務安全感和工作保障，我把時間賣給全然的陌生人，准許他們運用我的時間來達成他們的目標。而他們的目的有部分是為了增加投資人的財富，或在某些情況下，這變成主要目的。我過去總認為他們給了我一些東西，卻忽略了我其實放棄與生俱來的權利，無法照自己的意願過自己的人生。

當然，大多數的組織不是這麼想，他們認為這是雙方你情我願的協議，是雙贏的局面。有的組織盡力打造更便利的工作環境，提供更優厚的福利，從免費食物、醫療保險、托兒服務，到打坐課程、運動設施、擔任社區志工的機會等等，這些都立意良善，試圖全面關照員工的生活。然而再舒適豪華的監獄，依然是監獄，組織依然有權在他們認為適當的時候，使用你的時間。如何有效使用你的時間，則被稱為「管理」。問題是，為了管理你的時間，不免就要管理你這個人，而我猜不管是你或其他人，沒有人喜歡被別人管理和控制，尤其是其中有些人你根本不認識。

想想看：會將優秀人才或技術專才視為重要資產的組織（例如大學、劇院、法律事務所、教會等），都不會用「管理者」這個詞來形容組織負責人，他們會稱之為院長、資深合夥人、主教、主任、或是團隊領導人。管理者的頭銜只會用在管理事物（而非管理人）的人身上，這些人負責管理組織中偏物質、無生命的部分，例如運輸、資訊系統、建築物。組織出於本能，明白沒有人喜歡「被管」，所以盡量避免用「管理」這個詞。這個詞暗示你是資源、可受別人控制，別人可以在適當時候把你當「物件」一般使用。而「人力資源」這個不當用語只會進一步強化這種思維。我們寧可認為，個人可以擁有自己的選擇，我們不是出賣個人時間的奴隸。如果我們同意交出個人時間的掌控權，不啻是將生命最有用的部分讓予他人，還以為這樣做符合自身利益。這是為什麼我稱之為「和魔鬼簽下契約」。

更糟的是，你把人當物件看待，他們就會表現得像個物件，只做非做不可的事，以履行合約。我兒子曾經在放假打工時，找到一份在本地醫院搬運家具的兼差工作。他和同事用他們的小腦袋，針對分配到的工作提出一些合理的改善建議，可以節省一半的工作時間。不料其他同事氣壞了，他們說，反正大家都是領時薪，何必加快工作速度呢？為什麼要為了別人的利益而多做事呢？雖然只是小小的例子，但這種情形在各種大大小小的組織中屢見不鮮。管理階層觀察到這種為了員工方便而調整工作的傾向，於是設計誘因，鼓勵提升工作效率，結果發現品質遭到犧牲，因此又設法平衡工作效率和品質管制。如此這般，交互運用棍子和紅蘿蔔，彷彿他們是在訓練狗或操控籠子裡的實驗鼠。管理學家說，優秀的管理者當然明白這點，他們乃是透過說服和鼓勵來領導。太棒了，那麼何不直接稱之為「領導」，或用其他字眼來形容，而非「管理」，除非你甘冒被當成自私自利操控者的風險。

管理 vs. 領導

組織確實需要有所組織，需要劃分工作流程，告訴員工應該做哪些工作，何時完成，達到什麼標準。但這是在管理工作，而非管理個人，箇中差異正是關鍵。假如我曉得該做什麼，認為這樣做十分有效或必要，那麼無須有人在背後監督，我自然會這麼做。還記得倫敦商學院的同事梅爾（Mel）的專長領域是研究團隊管理。有一天，他辭去教職，開了一家餐廳。一年後，我和他巧遇。我說：「能夠一一實現從前在學校裡大力鼓吹的做法，感覺一定很好。」他回答：「有趣的是，我發現只要一開始就選對人，而且他們很清楚自己該做什麼，他們就會自動自發，根本不需要任何查核，也不用你操心。」我稱之為領導：打造良好的環境，讓員工表現傑出，挑選適當的人才，設定他們能理解的績效標準，並在達到目標時予以獎勵。你可能會說，我只是在玩文字遊戲，但我們原本就用文字來描繪所處的世界，包括組織內部的世界。我現在認為我們需要把工作組織起來，並好好管理事物。至於人，就只能加以鼓勵、啟發和領導了。我所謂的「事物」，是指建築物、資訊系統或任何實物。

不過，有的人寧可提升管理的層次，將組織和領導都包括在內。管理大師彼得．杜拉克（Peter Drucker）曾說，管理學是關乎人與社會的藝術。儘管我十分推崇杜拉克的思想和論述，我仍希望他避免採用「管理」這個詞，因為這個詞曾遭許多人曲解和濫用，拿來當作對同事行使權力的藉口。其實，用詞確實至關重要，會改變我們的行為，文字隱含的訊息會塑造我們的思想，而思想會影響行為。如果你稱某個人為人力資源，不啻假定可以把他當成物件一般對待，可以幫他上潤滑油、添加燃料，同時也可以控制他，甚至在人力過剩時開除他。你也許會說，優秀的管理者都明白這些道理，但不當的用語可能誘導你展現平常一心一意避免的行為。文字有其迂迴危險之處。如果不希望發出去的訊息違反自己本意，遣詞用字最好謹慎為上。

成長並沒有說明手冊

有朝一日，可能輪到你來安排別人的工作。你可能在某個組織擔任部門主管，或創辦自己的公司，或是主持某個專案計畫，我在另一封信中說過，你無法單憑一己之力達到很大的成就。你可能跟我一樣，覺得自己的能力還不足以應付公司分派的任務。我花了短短兩年時間熟悉我第一個任職的組織：殼牌新加坡分公司。之後被派去管理婆羅洲沙勞越的行銷公司，沙勞越的面積和英國威爾斯差不多，那裡河道密布，取代了陸地道路。我和新加坡辦公室之間無法用電話聯繫，也沒有人會來造訪我們，郵件至少要四天才能抵達。我得帶著三十五名本地員工管理三個小型機場及兩個油庫，沒有任何可供遵循的作業手冊。我後來發現殼牌公司就是用這種方式培養未來領導人，在年輕人還不會游泳時，就把他們丟到水裡，他們不會對組織造成太大傷害，卻可能帶來改變，而且從中學到很多。

這個方法果然奏效。我學到很多，主要是從錯誤中學習，而且趁其他人尚未發現前，趕緊改正錯誤。但起初我感覺有如赤裸裸般，渴望拿到所謂的管理手冊。如今我知道根本沒有這樣一本手冊。你碰巧看到的這類手冊，包括我寫的在內，結果都不過是實用的常識罷了，在長篇大論包裝下看起來頗為專業。

希望你記住，組織、領導和管理是三種不同的活動，必須運用得當，因為我真的相信，一味管理而不領導是錯誤的做法，許多組織因此機能失調，員工也不快樂。你不只是人力資源而已。

第十二封信

你和社會的關係

聖經記載，當以色列人試圖脫離埃及控制，踏上出埃及的旅程，他們的首領摩西登上西奈山，下山時手中拿著兩塊石板，上面寫著十條戒律，他說十誡乃是上帝賜與，是他們必須共同遵循的規範。得到上帝認可很重要，否則大家可能都不覺得有義務遵守戒律。簡而言之，所有的規矩都必須由眾人接受的更高權威背書。頭幾條戒律強化獨一無二的上帝的權威，不可有別的神，不可雕刻形象或崇拜偶像。接著訓諭眾人：必須榮耀你的父母。別搞錯了，當時是階層社會，每個人都很清楚誰才是做決定的人，規矩由誰訂定。摩西很清楚，沒有規則，社會就無法運作。直到今天依然如此。我們的行為必須有所依循，知道什麼可以做，什麼不可以做。得到大眾正式批准的規則就成為社會的法律，可以依法執行。

即使像企業或家庭這種小規模群體，都需要制定規則，說明他們容許或不容許的行為。組織訂定作業程序，釐清權限，如果你想加入組織或跟他們買東西，就必須遵循流程。這類規則缺乏法律效力，憑藉的是雙方默契，當你選擇加入時，等於已經接受他們的規則。無論企業或家庭或學校，制定規則時往往只考慮到組織的便利，而沒有為顧客或使用者著想。在數位化新世界裡，組織更容易對所有的使用者和員工貫徹紀律。數位科技為組織帶來的另一個好處是：除非提供一堆個人資料，包括姓名、電子郵件、甚至出生年月日，你在網站上會寸步難行，無法訂購任何東西。其實你只是想買東西，這些個資根本毫無必要。科技會行使自己的權力，如果不遵守他們訂下的規則，就無法完成訂購程序。

內人認為，大多數的規則都毫無必要，可以置之不理。網站要求她填寫姓名地址時，她可能輸入假名和假資料，用小小的手段抗議她視為偷竊的行為：這些組織在我們沒有警覺的情況下，取得我們的個資。她認為，規則理應受到挑戰：許多規則都毫無必要，太為組織利益著想。在她看來，大多數的規則並非鐵軌般的固定軌道，而是公路分布圖：是指南，而非軌道。我曾和義大利朋友提及，義大利人開車都不太管速限。他說：「喔，他們只把它當成警告標示，不過一旦出車禍，你當時的時速就會被納入考量。」他們把法令當成警示，而非強制性的規範。我懷疑許多人正是抱著這種態度，看待現代社會中日益繁多的官僚規範。

當然，你可能走到另一個極端，只管往後一靠，聽命行事。我稱之為聽從看不見的「他們」（權威）訂定的規則。問題是，他們是誰？我們曾雇用一名清潔婦，她的丈夫是英國大兵。有一天，她有幾分得意的跟我說，由於她先生被升為下士，軍方會分配新房子給他們住。我問她：「房子在哪裡？你什麼時候搬家？」她說：「他們還沒有告訴我。」我問：「他們是誰？」她看著我的神情，彷彿我是笨蛋。「他們還沒告訴我『他們』是誰呢！」還有一次碰到大塞車，我們被卡在半路。計程車司機氣呼呼的說：「他們應該想想辦法。」我同樣問他：「『他們』是誰？」他說：「我完全不知道。」

「他們」也只是凡夫俗子

看不見的「他們」通常是更高層的權威人物，往往是某個政府部門。如果可以把問題向上授權，任由某位權威替我們決定，然後就沒我們的事了，這樣活著似乎輕鬆多了，只要照著「他們」的安排或任由他們決定就好。但要小心哪，你沒法保證他們一定會把你的利益放在心上。他們會選擇對他們而言最簡單、最省錢、最有效率的方法，不會為你著想。他們創造各種規定，只容許極少數例外，建立有組織的社會，對待公民如棋盤上的卒子。這是福利國家的缺點，井井有條的社會幾乎不容許個別差異。無庸置疑，一切都立意良善，希望為人民打造更安全的社會。然而，在毫無風險的社會裡，大家會認為實驗是莽撞的行為，所以從來不肯多做嘗試。內人提議做些新嘗試時，孩子總是說：「他們會准許我們這樣做嗎？」而她會回答：「我不知道耶，就試試看他們會不會批准，好不好？」我希望你牢記這句話。因為連試都不試，並無法改變任何事情。

我以往總是假定掌權者一定比我們聰明，也懂得更多。因此讓他們替我們做各種決定是明智之舉。然而後來我發現有些我教過的學生日後大權在握，我認識他們，他們其實也是凡夫俗子，為主子和我們盡心盡力。他們並非什麼都懂，而是和大多數人一樣，即使對政策有所疑慮，仍然覺得乖乖照做比較簡單。因為儘管有些微不安，卻還沒到不惜扮演吹哨人、自毀前程的地步。我們不應貶低專家的權威，但必須體認到，他們在體制內工作，受限於聘雇合約，必須尊重體制。在前途可能受阻的情況下，願意挺身而出、維護信念的管理者寥寥無幾，這件事經常令我感到震驚。只因為這樣做輕鬆多了，就必須活在謊言中，真是可悲。在莎士比亞名劇《哈姆雷特》（*Hamlet*）中，波洛涅斯（Polonius）給兒子萊爾提斯（Laertes）的忠告是：「忠於自我……汝將不致虛假對待他人。」希望你會記取他的忠告。

向上卸責，把責任推給看不見的「他們」，會產生另一個意想之外的後果。在法令嚴明的社會，沒有明確規範或明文禁止的事情，大家通常就假定可以照做無妨。舉例來說，跨國企業設法將盈利放在低稅率的國家，這是常見的跨國企業避稅手法。每當有人提出抗議，主張企業在哪裡賺錢，就應在哪裡繳稅時，企業的回應是，如果真是希望如此，就應該修改法令。守法成為道德的有效定義，這是很低的道德標準，結果是形成冷漠多疑、精於算計的社會，如果無法仰仗人民行為正派，彼此善待，就只能不斷制定新法令。當我們未違反任何法律、卻對別人造成傷害時，只能靠他人（通常是政府）來收拾殘局，或制定新法，防患未然。我們無須修補損害或承擔責任。結果為了保障我們的安全，出現大量的新法令與新規範，不免扼殺創造力和積極主動的精神，除非你把拚命鑽法律漏洞也看成一種創造力。

善盡你的責任

不要忘了，無論「他們」是誰，是何方權威，你仍然有自己應負的責任。你不是他們的馬前卒，你是個公民，即使英國攪渾池水，稱你為臣民，仍然一樣。所謂的「社會」乃是由你我這樣的人組成。你生活在民主國家，也就是說，根據字面上的意思，由人民作主，權力乃歸人民所有。我們自己挑選統治者，我們埋怨的「他們」終究是像你我一樣的人民選出來的人。英國採取代議式民主制度，我們投票選出代議士來替我們做決定，雖然偶爾情況會變得混淆，因為議員決定讓全體人民一起決定某件事情。（我認為除了某些特殊情況，英國應該效法德國，廢止公投，因為公投會推翻我們選出的代議士為我們做的決定。你可以實施某種民主制度，或選擇另外一種制度，但你不能兩種都要。）

無論採取哪一種民主制度，你都必須善盡自己的本分。首先應該去投票，否則就無權抱怨「他們」又做了什麼事。澳洲法令明定投票為公民義務，但在英國，要不要投票則取決於個人意願。倘若投票日當天下雨或飄雪，你也許會覺得出門投票實在太麻煩了。但這樣是不對的。為什麼選舉統治者要受天氣影響呢？除了投票，你甚至可以自己出馬，成為民選的決策者。民主政治有許多不同層次，不妨先從自己的社區做起。你可以像內人一樣，投入教區理事選舉，這是有趣又有益的活動。而且何必到此為止呢？還可以透過更高層次的民主政治，為國效力。你也可以投身中小學或大學的校務委員會，略盡綿薄，成為「他們」的一分子，如此一來，你或許會愈來愈理解他們的難處。

不過，公民代表的意義不限於選舉。如果你關心社會上的重要議題，千萬不要只是跟朋友私下嘀咕抱怨，應該出來做點事。我有個朋友主動發起防止家暴的運動，她出面整合兩百多家大型組織，大家一致贊同家暴是非法行為，鼓勵民眾視家暴為失德的行為，會對所有牽涉其中的人造成傷害。這些組織都同意加強員工宣導，說服員工嚴肅看待家暴議題。沒有人要求她這樣做，她只是善盡公民責任。甚至在公共場所撿垃圾的老人家都是好公民。如果有更多人認真看待自己的公民義務，我們就不需要這麼多惱人的法令規章了。如果你擔心氣候變遷，千萬不要把責任都推給政府。你必須也盡自己的本分，例如盡可能搭乘大眾交通工具，每週只吃葷一次，勸其他人學你這樣做，最重要的是，一定要去投票。

進一步而言，我們必須把輔助性原則應用在日常生活中。這個討厭的字眼長久以來一直是天主教倫理教材的一部分，也是歐盟的基本原則，雖然在大家眼中仍停留在理論階段，未真正實踐。輔助性原則主張責任應落在底層的實務單位。輔助性原則傾向最大程度的授權，或說得更準確些，偏好逆向授權、向上授權。換句話說，雖然國家可以提出忠告，卻不應該指導家庭撫養小孩的方法，另一方面，家庭即使有一些想法，也不應該決定國家應該如何花錢。凡是家庭無法自行決定的事情，都應該向上授權，但要不要向上授權，仍由較低階的單位決定。公民仍掌握社會的實際權力，只是把無法自行完成的事情授權上位者處理。可悲的是，我們手中的權力已遭竊取，需要重新拿回來。輔助性原則意味著你不應坐等別人告訴你該怎麼做，而是直接著手去做吧！

第十三封信
改變人生的曲線

我反覆說著通往大衛酒館（Davy's Bar）那條路的故事，很多聽眾大概早就聽膩了，但這個故事對我深具意義，我不得不再重述一遍。這是真的故事。我當時正駕車前往愛爾蘭小鎮亞沃卡（Avoca），這條路穿越威克婁山脈（Wicklow Mountains），那裡是山林與湖泊交織的遼闊美麗山區。我不太確定我有沒有走錯路，所以看到路邊有人在遛狗，趕緊把車開到路邊，問他去亞沃卡是不是走這條路。

「沒錯。沿著這條路直直開上山，到了山頂，俯瞰遠處的小山谷，你會看到一條小溪流，上面有座橋，大衛酒館就在橋的另一邊。你一定會看到，因為酒館漆成鮮紅色。聽明白了嗎？」

「明白了。」我說：「反正就上山，下山，開到小溪邊，然後就會看到大衛酒館了。」

「很好。」他說：「但是你得在距離酒館一公里的地方右轉上山，然後就會到了。」

他這麼說聽起來很有道理，於是我開車出發，完全沒意會到這正是傳說中的愛爾蘭式指路，就好比「我不會從這裡開始」。但我開車上路，抵達山頂時，的確看到大衛酒館就在下方。我往前開，一路上不斷尋找右邊那條岔路，但始終沒找到。結果，我根本沒經過任何岔路就抵達大衛酒館。回頭往山上開時，我心想，那個傢伙還真可惡。然後就發現那條路在山的另一邊。幫我指路的熱心人士沒告訴我的是，還沒到山頂、也還看不到大衛酒館之前，就會先看到往右的那條岔路。

你也許會問，這個故事和其他事情有何相干？我思考後的領悟是，這個故事其實是一則關乎人生和改變的寓言。

在我看來，人生就像一條橫躺下來的長長S曲線（如圖1）。

你的一生，每個人的一生，甚至企業或學校或政黨、甚至國家的一生，在真正開展之前，都必須先投入更多在教育、實驗或投資上。S曲線會先往下走，然後再往上走。但你總希望曲線一旦開始往上走，就會持續往上，不斷成長。儘管如此，它仍是一條S曲線，你的人生或組織的壽命終究會觸頂，開始走下坡。大家會說，人生就是如此，世事無常。或許真是如此，然而在人生走到盡頭之前，我們也許可以擁有不止一個人生。你可以在第一個S曲線終止前展開新的曲線，然後在那個曲線終止前，又啟動另一個曲線。如果你想延續自己的成功，你可以這樣做，或許也應該這樣做。但新曲線仍是一條S曲線，需要新的教育、新的投資、新的試驗，才能成長。所以，一旦啟動曲線，而且曲線已經脫離最初的谷底，那麼在第一個

圖1

彎道攀上頂峰前，最好就啟動新曲線，因為當所有的一切都走下坡時，很難重新出發。你的曲線應該長得像圖2這個樣子。

這時候，大衛酒館的故事就深具意義了。你必須趁還在爬坡、還看得到第一條曲線的盡頭時，就找到下一條曲線。大多數人都沒辦法集中意志，改變方向，等到看見牆上的大字，往往為時已晚，精力與資源都已耗盡，你束手無策，不知在垮掉之前該如何改變。我看過太多個人、組織，甚至國家，一路走到盡頭，然後坐在大衛酒館中，苦思究竟哪裡出錯：為何沒趁時機還不錯時改弦易轍；為何在一切順利，以為好景將恆久持續時，錯過了改變的

圖2

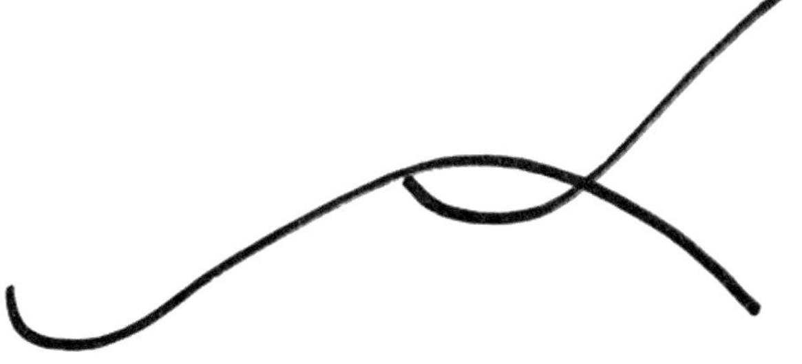

機會。

從第一條曲線開始安排第二曲線

從心理學的角度來看，一個人很難在派對達到高潮、正盡情享受時，掉頭離開。而且，你怎麼知道什麼時候即將觸頂？這是一大弔詭。我在前面說過，和我前往亞沃卡鎮的情形一樣，唯有當你經過那個點之後，才能看清那個點落在第一條曲線的何處。問題是，在現實人生中，你沒辦法複製我的做法：掉頭循原路回去。因此你需要向外求援。局外人比較容易看出到了哪個時點需要開展新曲線。每個駕駛都需要導航裝置，但在這種情況下，你沒辦法依賴衛星導航設備，唯有人類才幫得上忙。

曼聯足球俱樂部（Manchester United）的傳奇經理艾力克斯．佛格森（Alex

Ferguson）很擅長看出主力球員將於何時達到生涯巔峰，並在他們的表現走下坡之前及時交易出去。然而輪到自己時，就不是那麼敏銳了。佛格森在曼聯攀上顛峰時離開，讓繼任者擔下不值得羨慕的苦差事：因應球隊日益衰敗的情勢。特易購（Tesco）執行長泰瑞．雷希（Terry Leahy）是當代另一位傳奇人物，他在特易購也做了同樣的事情。在個人層次，做相同的工作太久之後，許多人會發現很難開展新的職業生涯。他們在成為冗員後才說，但願多年前已經自動離職，轉換跑道。就我而言，內人一向是個友善的顧問。她曾兩度向我建議轉換跑道的時機已經成熟，但我兩次都抗拒。結果每一次她都說對了，每一次我都至少花兩年時間才在新的曲線跟上進度，掌握狀況，最後證明一切都很值得。

開始創造新曲線時，最理想的情況是，你還走在第一條曲線上。許多組織採取的方式是讓不受傳統做法束縛的年輕新進人才負責先導計畫。我的建議通常是不妨休個長假，暫時脫離目前的工作，至少這是探索新可能性的一種方式。但不幸的是，能讓員工支薪休長假的組織少之又少，所以或許你得盡量在工作中創造出自己的長假。

如果身邊缺乏友善的顧問，就需要注意一些警訊。首先是自滿。當你開始感覺一切都在控制中，無論發生什麼事，都有辦法應付時，就要小心了，可能你對未來太過篤定，以為會一切順利。充滿自信是好事，但毫無疑慮，不會惶惶不安，卻很危險。第二個警訊是，除了眼前的工作，對其他一切都缺乏好奇心。當內人告訴我，我已經變成她認識的人當中最沉悶的一個，因為我全心全意只顧著工作，其他什麼都不想，這時我內心深處其實很清楚，該是抬起頭來、環顧四週的時候了，否則我可能會再度錯失良機，找不到通往未來的那條路。

不體驗是浪費人生

當然，第二個問題是，什麼是你的新道路或新曲線。我發現，這時候最好開始作夢。來到某個階段時，我會列出人生中哪些事情對我很重要：金錢、時間、地方、個人滿足、覺得自己有所貢獻，還有可行性。然後根據這些標準設想三種可能的情境，再和我最親近的人與友善的局外人一起深入討論。討論過程會讓我打開雙眼，看到新的可能性，因此新機會來臨時，就可以快速行動。我過去常跟學生說世事難料，蘋果會突然掉落膝蓋上，如果你正好站在果園裡會有點好處。簡單的說，假如你知道自己要的是什麼，你就應該開始想方設法，經常創造一些可能的機會，不管是和相關人士見面、閱讀相關文件、參加研討會，或是瀏覽網站都好。

切記，最初開闢新曲線耗費的成本會大於產出。我啟動的三條新曲線，每一次在剛起步的頭幾年都要面對大幅減薪的局面。因此，如果你探索下一條曲線時，已經無法保住第一條曲線，那麼最好為過渡期準備一筆儲備金。我曾經為職涯中期的企業主管推出為期九個月的課程規劃，這段休長假的經驗讓他們有時間思考自己的未來，同時又接受可能有助益的教育。學費很貴，但這樣的經驗非常重要，所以有些主管願意貸款支付學費，有的人靠自己的積蓄，有些主管則說服任職的組織把資助學費當作離職遣散費，因為顯然他們不會再回公司上班了。許多人沒有機會享有這種規劃好的長假，但只要你在情況還不錯時努力存錢，沒有人能阻止你為自己安排個長假。

人生漫長，至少有時間度過三個人生，也許還會更多，不去體驗不同人生是一種浪費。只要切記，務必要避開大衛酒館，因為等你抵達那裡，再想離開早已太遲，只能滿懷傷悲，感嘆你的人生原本可能有所不同。

第十四封信

知足常樂

這個問題很有趣：若非必要，我們何必工作得這麼辛苦？傑出經濟學家凱因斯（John Maynard Keynes）在一九三〇年曾指出，到了他的孫輩一代，經濟問題早已解決，也就是說，人類不再面臨短缺。拜科技進步和生產力提升之賜，人類將開創經濟烏托邦，再也沒有人需要每週工作十五小時以上；如果一切公平分配的話，每個人擁有的東西都已足夠。但這時候凱因斯反而擔心起來，他說，人類出於天性及最深的本能與衝動，一直以來，都為了解決經濟問題而不斷演化。一旦經濟問題迎刃而解，人類頓失長久以來的演化目的。換句話說，假如不再需要為了維生而長時間工作，我們會茫然不知所措。

凱因斯說得對，但只是就理論而言。至少在我生活的富裕世界，經濟問題應該早已解決。如果能分配得更公平一點，現代社會應該不會有人陷入貧困，或有所匱乏，以至於無法過像樣的生活。但其實「知足常樂」和「多多益善」兩句口號相互較勁的結果，常常是後者獲勝。

牽涉到金錢時，往往是贏家全拿，落後者只剩下蠅頭小利。目前英國有超過一半的人口領取某種形式的社會福利，許多國家的政府不得不提供在職福利，讓在職的工作人口足以維生。和領取社會福利的人談知足常樂是一種侮辱，而且今天即使中產階級都不能倖免。我朋友的孩子只比你們大個幾歲，他們已經在擔心如何負擔住房成本、償還學貸、支付養老金、找到像樣的工作等問題，只希望錢夠用就好，不敢奢望擁有更多。凱因斯的預測至今尚未成真。即使許多人的收入已經足以過舒適的生活，卻有更多人比過去花更多時間工作。為何如此？為了買更多東西？為了顯示自己有多重要？還是因為同事賺得比我們多？無論原因為何，我們的胃口似乎永遠填不滿，總是想要更多：更多東西、更多金錢、更多娛樂、什麼都更多。有人問二十世紀的億萬富翁及慈善家洛克斐勒（John D. Rockefeller）何謂「足夠」，他回答：「只要再多一個就好。」許多人都同意他的話，我們似乎總是貪得無厭。

我們熱愛工作？

不過，部分原因必然是我們熱愛工作：不見得是實際的工作本身，而是隨工作而來的一切。我們從工作中找到身分認同，我們做什麼，就變成什麼人。工作凝聚社會、團結眾人、形塑我們的生活，讓我們找到每天早上起床的理由。

儘管如此，漁獵時代的老祖宗並沒有這樣的衝動。針對喀拉哈里沙漠（Kalahari Desert）的布希曼人（Bushmen）所做的研究顯示，許多人認為史前祖先生活艱苦，勤奮不懈，這是錯誤的觀念。其實他們只有在需要工作時才工作，既不儲存食物，也沒什麼欲望，很容易感到滿足。食物不夠的時候，他們只需拿起長茅，出外狩獵，所以每個星期只要工作十五小時就夠了，花更多時間工作根本毫無意義。有人稱之為「第一個富裕社會」。不過，這裡面少了一個成分：金錢。存錢比儲藏食物容易多了，而且金錢可以用來換取各種東西。沒有金錢作崇，我們的祖先除非必要，根本不會工作。布希曼人如果掌握金錢或其他交易方式，他們的生活可能不會那麼悠閒。說不定對金錢的欲望才是一切罪惡的根源。

對我來說，在六十歲以前，手邊有足夠的錢一直是遙不可及的夢想。我習慣隨身攜帶一張卡片，上面有兩欄：「收入」和「支出」，不斷提醒我，要量入為出，不可透支。六十歲之後，孩子長大離家，房貸付清，我寫的書開始大賣，還找到一種高報酬的表演藝術形式：在企業界的研討會中發表演說。人過中年，突然之間，收入這欄的數字開始大於支出。我陷入兩難！鴻運當頭，我應該好好把握，還是力行自己一向鼓吹的理念，知足常樂？

有一次，《財星》雜誌（*Fortune*）的記者來訪，她很好奇我為何把每年的大型演講次數限制在十場以內，因為當時每場演講費高達數千英鎊。她問我：「你能不能多做幾場演講？你有沒有拒絕過別人的演講邀約？」

「有。」我說：「常有的事。這些演講需要花太多時間旅行，我必須離家遠行，同時也無法寫作，所以我怎麼會想接更多場演講呢？我目前賺的錢拿來養家和應付各種需求已經綽綽有餘。」

「但是你原本可以賺得比現在多很多，你不會禁不起誘惑嗎？」

「如果我不需要這麼多錢的話，多出來的錢要拿來做什麼？」

她想了一下，然後說：「你可以蒐集東西。」

她的話讓我茅塞頓開。沒錯，有錢人常把多出來的財富拿來蒐集各種東西：房子、遊艇、藝術品，甚至蒐集朋友和妻子，這些都是他們的戰利品，是成功的鮮明標誌。古羅馬皇帝為了宣揚戰果，讓擄獲的敵軍首腦連同掠奪而來的財物珠寶在首都大街列隊遊行，所以現代皇帝也必須展示他們的戰利品。

出於自願的貧窮是幸運

不過我和內人都不是收藏家，因此我們試圖把知足常樂變成人生信條。還沒退休前，我們每年都會盤算需要履行多少演講或教學或寫作合約，才能賺到足夠的錢；所謂「足夠」是指能讓我們過舒適的生活。我們很快就明白，我們為足夠訂定的門檻愈低，就愈能自由自在的從事其他活動。可以說，窮人是幸運兒，如果你的貧窮乃出於自願，而非不得不然的話。

凱因斯認為，人類從小被教導要工作勤奮，如果無須再為金錢需求而工作，會茫然不知所措。他看待工作的觀點非常狹隘。我和許多人一樣，發現無償的志願工作帶來的滿足感遠高於賺錢養家的工作。這類無償工作包括為了慈善或公益目的而做的工作，也包括在家裡做的事情：烹調食物、款待客人、照顧小孩（包括你們在內）、修理東西。我很喜歡烹飪，但整天洗洗切切之後，我知道烹飪是樂趣，也是工作。我們也提供非正式的諮商服務，任何人想跟我們談談他們的人生或工作，都可以到我們在倫敦的寓所，免費與我們共進早餐，我們希望能幫得上忙。我們樂在其中，就投入的時間和心力而言，這也算工作，但我們非常感恩能從中獲得莫大的滿足感。凱因斯太過悲觀了，空下來的雙手和頭腦總是找得到一些可做的好事，凱因斯應該早已明白這點，因為他一生中曾做過許多有意義的無償工作。甚至可以說，就這類工作而言，永遠都嫌不夠。

足夠的觀念不限於金錢和工作，人生的各個層面都適用。飲食方面最明顯，只要飽食就有如盛宴。我們有時也會執迷於某些活動，排斥其他一切，帶來的風險是經濟學家所謂的機會成本，你會錯失發展其他嗜好或活動的機會。有一年，我滿腦子只有工作，內人告訴我，我已經變成她認識的人當中最沉悶的人。由於忽略知足常樂的原則，我不但限縮自己的人生，也差一點毀掉自己的婚姻。

第十五封信

笨蛋，問題在經濟

在一九九二年美國總統大選中，柯林頓（Bill Cliton）的選舉操盤手詹姆士·卡維爾（James Carville）堅持以「笨蛋，問題在經濟」這句話為競選活動的主訴求。他關心當時美國的失業問題和低階勞工的困境，擔憂他們口袋裡的錢不夠。我因此警醒到，經濟問題非常重要，但年少時候，無論在家裡或學校，都很少討論經濟問題。別擔心，我並不打算接著大談英國經濟的未來或凱因斯的理論，儘管凱因斯是英國最知名的經濟學家，他的理論很值得研究。不過，我關心的是你的個人經濟，你的錢。我同意，書中其他信比較帶點哲學意味，相較之下，這封信談的是更基本的問題，但是錢非常重要。尤其在缺錢的時候，金錢更是特別重要，等到錢變多了，金錢又變得過度重要。以下是我從自身經驗中學到的教訓。

我之前說過，我在愛爾蘭的牧師宅邸中長大。雖然家裡一直都沒什麼錢，但我們在家從來不談錢，原因關乎父親的職業，以及他的職業如何看待因這份使命感而獲得的資助。他的雇主愛爾蘭教會不希望他視金錢為工作酬勞，因為這樣一來等於用金錢來衡量他的成敗，但你該如何衡量他「對靈魂的關照」呢？於是，他們提供住宿與薪俸，但刻意讓薪資水準維持在只夠生活、卻不足以致富的程度，雖然我們只是勉強過得去，但因為有免費的房子可以住，還有一個大花園，這筆錢已經足以維生。這樣的安排意味著教會從來不用金錢來衡量父親的工作。他可以隨心所欲的投入工作，無須擔心薪水多寡，因為他領的是固定薪水，毫無商量餘地。牧師通常算中等收入，進這一行原本也不是為了賺大錢。或許應該有更多行業採用相同的敘薪原則，或是可以把這個原則應用在自己的人生裡。

事實上，如果你做的是自己真正關心的事情，有沒有錢其實沒那麼重要。畫家在必要時可以住在閣樓。在我的職業生涯中，從石油公司主管轉換到學界，後來又成為自由作家，每一次轉換跑道，都是為了追求更多工作樂趣和更大的滿足感，但收入都下滑了。只要錢還夠用，內人和我甘之如飴。我不是叫你跟我一樣讓收入日益下滑，我想強調的是，享受工作的樂趣遠比享受賺錢的樂趣重要多了。所以，你或許需要因應收入下滑來調整自己的生活水準，而不是倒過來。倘若周邊朋友日子過得比你好，要這樣做並不容易，但到頭來一切都很值得。為金錢奮戰會殘害你的靈魂。

投資vs.開支

內人的金錢觀雖然頗不尋常，卻至關重要。她花錢時會區分這是投資，還是開支。假如是投資，她會想辦法買最好的東西，甚至在必要時不惜借貸。還記得有一次她想在庭園中搭建小屋擺放乒乓桌，當我聽到工人問她：「你想用夾板，還是橡木？」而她回答：「當然是橡木」時，我的心一沉。但她的決定終究還是對的，因為如今小屋變成家裡的備用臥房，用處可大了。當然，身為攝影師，在她眼中，無論相機的價錢多麼昂貴，從來都算是投資。有一次我跟她說：「這些錢都夠買輛車了。」她回答：「我不需要車子，我需要的是相機。」但牽涉到開支時，就不同了。她痛恨毫無必要的花費。和自家烹調比起來，上館子吃飯，不僅同樣菜色的價錢貴得離譜，而且周圍還很吵。只要公車供長者免費搭乘，就絕不搭計程車。不過她認為購買好衣服算是一種投資，前提是衣服必須很耐穿，能穿很多年。

我這個人則恰好相反。從小到大，我們家一向強調夠用就好，東西總是修修補補，湊合著用，不會用過即丟，不斷換新，所以我渴望有機會恣意花錢買體驗，例如上館子、看戲、旅行等等，而不是花錢買東西，所以完全看不出我把錢都花到哪去了。幸好內人的想法和我完全相反。回頭來看，我覺得她真有智慧，雖然有些投資花了很多年才開花結果。今天我認為她的生活哲學是實踐知足常樂的好方法，也是管理國家經濟的良方。唯有為了投資才借貸，花錢要量入為出。

內人應該可以當個很好的財政部長。

但必須強調的是，金錢與自我實現乃是同床異夢。我年輕時候夢想找到熱愛的工作，而且同事親切，薪水也夠用，但我很早以前就明白這只是夢想罷了，像這樣的好事根本不太可能發生，除非你是專業人才，才有一點點機會。最後我不再尋找難以企及的完美工作，我明白我得結合兩、三種不同型態的工作，我稱之為「工作組合」，才能在金錢、樂趣和自我實現之間取得適當平衡。我發現我單靠研討會演講已足以維持生活，所以堅持我真正的工作是寫書，即使這些書不會大賣。我稱之為「三段式工作組合」，如今這個名詞在多變的職場上愈來愈流行。

如果你像我一樣，沒辦法找到心目中的理想工作，我要跟你推薦工作組合的觀念。不妨花部分時間從事可以賺到錢的工作，留給自己充足的空間來做真正想做的事情。要小心的是，不要太受金錢所誘惑。生命太寶貴了，不要輕易浪費在賺錢上。

第十六封信

「我們」總是能打敗「我」

希望你運氣夠好，這輩子說「我們」的時候比說「我」還多。有人為伴，可以分享希望，分憂解惑。這非常重要。這個人不見得是你的終身伴侶，他可能是你的家人、工作團隊或整個組織，甚至是一場運動。我在另一封信中曾經提過鄧巴的論點：每個人最多可以有五位至交和十五個好友。這些朋友（尤其五位至交）是人生中最重要的「我們」，是人生的依靠，在周遭一切崩解時支撐你的力量。他們知你甚深，不會被追求功名的假象所誤導，完全可以坦誠以對。你們在人生道路上攜手同行，應該緊密連結，善待彼此。

自古至今，友誼一直備受珍視。在莎翁名劇《哈姆雷特》中，波洛涅斯給兒子萊爾提斯的忠告是：

通過試煉的益友，
應以鋼圈緊箍在靈魂上；

但莫對新相識的泛泛之交
曲意周旋。

培根（Francis Bacon）曾說，如果沒有真正的朋友，世界只是一片荒野。他又說：

從他人諍言中得到的領悟，比靠自己理解而來更加純粹……（因為）一個人對兒子說話時，不能不保持父親的身分；對妻子說話時，不能不保持丈夫的身分；和敵人打交道時，不能不維護立場；然而對朋友就可以就事論事……

我必須代培根致歉，因為他完全從男性的角度說話。培根畢竟是他那個時代的產物，我相信如果他活在今天，必會將女性也納入。即使真話傷人，真正的朋友仍會跟你說實話。我過去梳理頭髮時，總會試圖掩蓋住日益明顯的禿頂，結果顯得很可笑。內人和孩子看了都沒說什麼，最後有個朋友叫我面對現實，「你的頭早就禿了。」她說：「別想裝成還沒禿。」一旦接受事實，我還真的從此就解脫了。

三種朋友

假如夠幸運的話，你或許能找到年紀較長的朋友，在人生路途中，成為你的良師益友，為你指點迷津。他慧眼識英雄，能發掘你最大的長處，鼓勵你將長處發揚光大。就我的經驗，有三位貴人曾助我跨步前行，開創新人生：一位是督促我一定要上大學的中學老師；一位是高度信任我的上司，在我還未充分證明自己的實力時，就升我為正教授（「任命生效後，你必須證明我是對的。」他這麼說）；還有一位貴人引薦我來美國發展。我這輩子欠他們很多，一直心懷感激。根據印度教的說法，我對他們最好的回報，就是效法他們的榜樣幫助別人。我現在正設法這麼做。

不過你的摯友大多數仍是和你同齡的同性朋友，因為他們最可能和你有共同的人生經驗。你們之間因共同的經驗更加緊密連結。你們或許是大學時代的室友、同組的組員，或是登山時彼此相繫的山友，因為相互依賴而同心協力。我過了許久，才開始和女性建立起不以性關係為出發點的純粹友誼，過去那可能是我們僅有的共同交往經驗，那樣的經驗通常不見得會影響人生或持續長久。後來我發現和女性朋友之間的純友誼極具意義，因為她們幫助我從不同的視角觀看世界。

內人絕對是我此生最好的朋友。結為夫妻對友誼有沒有幫助？當然有，結婚是我們五十五年來一直共享的重要人生經驗。從某方面而言，奠基於法律與公開承諾的婚姻關係令人安心不少。不止如此，我們的人生也因為對彼此、對孩子以及孫兒輩的共同承諾，而緊密結合在一起。如果沒有這樣的共同承諾，婚姻之路不可能走得下去。當然，愛情也很重要，然而一旦熱情消退，所謂愛情，不過是以情感與肉體的方式來表達「我們」之間的凝聚力。我觀察別人的時候，喜歡數一數他們談話時提及「我」和「我們」的次數有多少。藉由聆聽，可以對別人了解多多。

不過，別人不會告訴你的是，不管是合夥關係、親密友人或工作小組，在任何關係當中，如果想充分享受到「我們」的真正好處，你必須先投資，再收穫。在真正親密相伴的關係中，沒有免費的便車可搭。必須先給予，才能有所得，唯有當你關心別人甚於自己，才會懂得給予。詩人菲利浦·拉金（Philip Larkin）說得好：

我們應該關愛彼此，

心懷仁慈，

趁還有時間。

仁慈寬容是友誼的黏著劑。只要你心存善念，尊重別人和你意見相左的權利，那麼即使和朋友爭辯，不同意他們的政治或宗教觀點都無妨。我之前曾提及，蘇格蘭哲學家休謨說過，朋友之間，真理會愈辯愈明。他說得很對。我從朋友間的辯論學到很多，收穫令人驚喜。愛爾蘭人說：「我怎知道自己是怎麼想的，直到聽到我說出的話。」婚姻亦是如此，美滿的婚姻中，夫妻雙方各有不同的貢獻，但又彼此互補，我們的婚姻也一樣。今天的夫妻如能自由超越刻板的傳統角色，探索新的組合方式，往往會變得更親密無間。

要當「發光」的朋友

我們通常將朋友分成兩種：一種朋友會成為大家的負擔，另一種朋友則會發光發熱。前者會讓你筋疲力盡，納悶他們什麼時候才要離開。但是碰到發光發熱的朋友時，他們的談話、想法及充沛的活力都豐富我們的生活。這麼說有點不公平，因為即使最沉悶的朋友，只要能找到他們感興趣的話題，甚至只要暫時把焦點放在他們身上，他們都會活過來。所以不妨逗逗他們，他們會笑逐顏開，容光煥發。

更重要的是，我們的小小遊戲可以提醒自己，在朋友之間要設法當發光體，而不要成為負擔。我發現主要是付出多少的問題：我準備投入多少精力在某個人或某種情況上。舉例來說，我和家人在一起時，偶爾會不免放鬆下來，談話時心不在焉或敷衍了事，然後才連忙打起精神。我怎麼會如此不尊重最親密、摯愛的家人，把他們的關心視為理所當然？發光體總是廣受歡迎，而成為負擔的朋友，大家頂多勉強容忍。

我們 vs. 我

儘管職場並非實際的場地，職場上的運作卻也深受「我們」影響。我曾針對創業家做過研究，他們都同意，即使創業構想乃出自他們原創，單靠一己之力仍不可能成功創業。我雖主張小即是美，但小單位要發揮功效，必須採取團隊運作方式。團隊是有共同目標的群體，其中每一分子都各自做出貢獻，是比較鬆散的友誼形式。但是當大家都能真正獻身於共同目標，尊重彼此的貢獻時，團隊就能發揮最佳效能。

團隊運作的最佳例證是在河中競賽的八人賽艇隊。賽艇上有八名槳手，事實上，如將舵手也算在內，船上共有九個人。有趣的是，當賽艇上的任務改變時，領導者也會隨之改變。其他組織可能注意到，在河面划艇時沒有單獨一位領導者。不過，賽艇隊確實有一名隊長，他是正式領導人，主要職責是代表隊員對外聯繫，以及選拔隊員。不過一旦開始在河面划艇，他就只是眾人中首位擔綱者罷了，他往往坐在船中央擔任槳手。接下來，領導重任會轉移到船尾槳手身上，他負責為其他槳手設定划槳節奏。此外，雖在船上、卻不划槳的舵手是唯一能看到賽艇行進方向、並負責引導賽艇前行的人。還有一位重要人物是教練。他雖然不在船上，卻在岸上提出建議，以及在出發前後的簡報會中指導隊員。

在我看來，八人賽艇是團隊運作的理想模式。賽艇隊選拔隊員時雖然著重個別貢獻，但他們在船上必須密切合作，否則整艘船無法順利前行。牛津大學多年前曾延攬一批在牛津就讀的國際好手，組成賽艇隊，參加傳統的牛津劍橋對抗賽。這幾位國際賽艇明星覺得無須和其他隊員一樣清晨即起，參加晨訓。他們自認是專家，只不過好心讓賽艇隊借用他們的長才。結果很不理想，八名自封的明星無法組成真正的團隊。除非他們放棄自我，加入團隊一起努力，否則不可能成功。於是在對抗賽舉行前不久，賽艇隊決定開除這幾位明星，重新選拔幾個較無經驗的年輕好手。雖然新隊員欠缺經驗和才華，但靠他們全力以赴、全心投入的精神彌補一切，最後終於在比賽中勝出，證明如果「我們」是一支真正的團隊，那麼「我們」必將擊敗「我」。

珍惜身旁的朋友

在藝術領域和其他團隊運動亦是如此。喜歡搶鋒頭的演員、音樂家或運動員不但毀掉整場表演，也有損自己名聲。不管多厲害的網球員，身邊都會建立一支團隊，最優秀的網球員甚至自聘教練。沒有人厲害到根本不需要學習。其他組織也應該謹記教訓。縮小團隊規模、變換不同領導人、共同聚焦、目標明確，都是追求卓越的妙方。還有別忘了，外部教練和定期簡報會也扮演重要角色。再優秀的人才都須聽取外部建言，任何活動都應該定期檢討。信任和共同利益是同志愛的基石。如果你發現自己置身於這樣的團隊，那麼你很幸運。日後如有機會擔當重任，你就懂得盡心盡力打造出如八人賽艇隊般的高效能團隊。

內人不久前過世了。半個世紀以來，我第一次自己一個人生活。感覺很奇怪。我不能說自己很寂寞，因為很多人前來探望，邀我出門，陪我去看戲、聽音樂會，但那種共享人生、一起工作的親密一體感已然消逝。我的確擁有新的自由，做任何決定時，都無須考慮另一半的想法：我想什麼時候就寢都成，愛吃什麼就吃什麼，想見誰就見誰。但這樣的自由完全無法彌補失去的一體感。當然，她還一直留在我的心裡。我幾乎時時刻刻都想到她，依然按照以往她喜歡的方式，處理所有的事情。我仍會往她的座椅望去，看看她是否一如往常，看著電視新聞就睡著了。在規劃旅程或接下工作時，耳邊仍會聽到她的聲音。仍然想像她讀著這份稿子，坦白提出她的看法，無論是褒是貶。

我已失去此生最重要的知己。也許唯有在失去之後，你才明白某個人或某件東西對你而言是多麼重要。友誼也是如此，千萬不要視之為理所當然。珍惜身邊這群特別的朋友，一旦失去他們，你將會無比懷念。

第十七封信

當兩人成為一體

我有個心願，希望到了適當時候，你們會墮入愛河，開啟長久而專一的伴侶關係，無論稱之為婚姻或其他什麼都好。作為人生和未來家庭的基石，最美好的莫過於伴侶關係。但就像其他關係一樣，婚姻維繫起來並不容易。我能幫的最大的忙，大概就是告訴你們我是怎麼走過來的，希望你們能從中吸取一些教訓。

我結婚那天是浪漫滿溢、喜悅與焦慮交織的日子。我倆對著滿堂賓客，向彼此許下承諾，接著舉杯互祝，切蛋糕，揮手道別，然後開始走自己的路，但這條婚姻路要通往何處？我們卻從來不曾坐下來好好談談，討論一下我們的婚姻會是什麼樣子，哪些事情要歸誰做，優先順序該如何安排。我覺得我們很合拍，以後也會如此，沒有必要把婚姻當企業來經營，讓一堆計畫和工作分配破壞美好關係。五十年前，一般都會假定我的職涯發展比較重要，決定了我們要在哪裡安家，採取什麼生活方式。管理家務的責任主要落在內人伊莉莎白身上，倘若小孩出生，也由她負責照顧。不管她有什麼興趣或才華（事實上她有很多），都要先以家務事和我的生活為重。我一直假定她的想法也是如此，不記得我曾經問過她的意見。

回頭來看，我當時真是太自私了，尤其我的工作從企業界換到學術界，又轉而為教會工作，踏入愈來愈引人入勝的新領域。更糟的是，我每次換工作，拿到的薪酬都愈來愈少，只得仰賴伊莉莎白來填補家裡日益擴大的財務缺口，她總是勇敢承擔，除了經營室內設計生意貼補家用，後來又買了幾間小公寓出租，同時仍繼續操持家務。我從來不曾拿錢給她採買食物或其他生活必需品，她都靠自己的收入打理，我只需要負責家中定期開支：包括房貸、水電瓦斯費、修理費用就好，當然，還有酒錢。這種情況很少見。我父親每個月都會固定給母親一筆家用，期望她好好管帳。還記得以前常看到母親為帳目煩惱，拚命回想錢都用到哪裡去了。其中一個經常出現的項目似乎是SPG，我私下以為SPG應該是指福音傳道會（Society for the Propagation of the Gospel）的縮寫，那是我父母心愛的教會慈善機構，直到有一天，母親坦承SPG其實代表「可能是吃的東西」（Something Probably Grub!）。

就這方面而言，我們已經向前邁進，社會亦然。儘管對外我仍是家庭的主要掌舵者，卻不是家裡的老大。不過，我們從來不曾正式討論過這些安排，只是情況需要時就自然出現解方。如今我很慚愧自己當年這麼不顧家，每天一大早就開車出門，深夜回家時孩子早已上床，讓內人獨自騎單車載孩子上學，一手包辦購物和所有家務，還要找時間處理公事。然而我們都是那個時代長大的孩子，當時周遭朋友和同事之間普遍認知的婚姻型態皆是如此。

婚姻也應該有「契約」

為何當時沒有認真一點討論這些事呢？我很納悶。我倆早已在眾多親友面前立下婚姻誓約，承諾彼此關愛，但婚姻契約中究竟包含哪些事情、應該怎麼做，這種種細節，我們卻從來不曾具體說清楚。正式的婚姻契約中應該包含的附錄完全受到忽視。我們和其他人一樣，在婚姻道路上，一邊走一邊將它補足。我們逐漸明白這份附錄中究竟應該包含哪些事情，但對此有不同的看法，而且因為我們從來不曾開誠布公討論這些想法，對彼此的不滿在胸中鬱積，偶爾就會爆發開來。

事實上，所有的關係都以某種隱性契約為基礎，為雙方的期望求取平衡。但除非把事情攤開來說清楚，否則不免滋生誤解。更重要的是，這些約定必須對彼此都公平。多年前，我還在企業界工作時，需要和馬來西亞的華人代理商議定合約。等兩造都同意合約條款，握手舉杯後，我拿出正式的公司合約請他簽名。他卻十分憤慨。「幹嘛這樣？」他忿忿不平：「你不相信我嗎？唯有雙方都能各取所需，合約才能發揮作用，簽名根本毫無必要。事實上，這反而讓我懷疑合約內容是不是對你比較有利，所以你才想把我綁住。」我說明這只是公司規定的例行程序，但我明白他的意思，而且不敢遺忘。無論企業經營或個人關係，如果雙方不認為協議公平，關係就無法持久。假如我當初記起曾經和華人代理商簽約的經驗，假如我和內人走在人生道路上曾經達成一些協議，讓雙方各取所需，以確保婚姻的成功，就可避免許多不愉快。我最初和華人代理商簽訂的合約有時間限制，合約期限到了，雙方就須重新議定合約。婚姻的協議亦是如此。外在情勢會改變，工作會轉換，孩子會長大，還會面對生老病死。

我們的婚姻亦復如此。五十歲的時候，我找不到工作可做，找不到任何我想做、又可能雇用我的工作。我還年輕，也不夠有錢，還不到退休的時候，於是我轉型成為自雇型作家和演說家。手中掌握的自由令人雀躍，但收入很不穩定，自己開口談酬勞也十分難堪。這時候，內人又成了救星。她搖身一變，成為我的經紀人和業務經理，而且勝任愉快。事實上，她的表現太好了，從此我愈來愈忙碌、也變得更有錢。直到有一天她提出辭呈。她說，為了我，她沒有自己的人生，經過五年半工半讀的生活後，她最近拿到攝影學的學位，想要實現自己的夢想，成為專業的人像攝影師。內人要開始走自己的路了，雖然五十歲的她花了大半輩子才走到這裡。

調整契約的必要

這一回，我們確實坐下來好好協商。雙方同意把每年分成兩半，夏天的六個月，我們的日程表以她的工作為優先，我會在她背後提供一些支援，自己則專注於研究和寫作，不答應任何外界邀約。冬天的六個月，在內人協助安排下，我可以自由到各處演講。而且我們還約定，烹調和宴客的工作每人各做一半，住在倫敦寓所時由她負責，住在鄉間小屋時，則輪到我打點。幸好我倆都是獨立的自由工作者，孩子已長大離家，我們可以隨心所欲安排自己的生活。不是每個人都可以享有這樣的自由，但人到中年，當環境改變，孩子離家，工作枯竭或改變時，大多數夫妻都需要重新安排彼此的關係。往往有一方逕自決定改變契約，卻沒有和另一方預先討論，即使在有些情況下是為了尋找新夥伴，通常是過去曾一起共事的人。我們很幸運，能互相幫忙，分工合作，建立更親密無間的新關係。

這次的契約延續了二十年，是一段成果豐碩的快樂時光。然後情況又改變了。年近七十五時，依法律規定，我必須把積蓄轉為年金。換句話說，我賺的錢不如從前也無妨，現在有養老金可以湊合著用。同時，孩子終於開始生育下一代。我從來不知道這些小人兒會帶來這麼大的滿足感，以及耗費這麼多時間。顯然，我們的人生有了新變化。我們更接近一般人心目中的退休狀況，有償工作不再主導我們的生活。我們比過去忙碌，不過是不同的忙碌。我們需要訂定新約。

這樣的生活仍須包含某種形式的工作，沒有正事可忙的人生似乎很空洞。由於我們不再需要靠工作來賺錢，可以投入更多時間進行志願服務。我們開始結合自己的技能和興趣，參與許多公益活動，為志工組織記錄影像。我們不再把每年分成兩半，因為我們現在一起工作。如今我們靠固定收入維生，而且收入可能愈來愈少，所以需要簡化生活方式，開始縮減和丟棄，而不是繼續積累。許多過去做過的事如今看來毫無必要，甚至沒有意義。人生持續前行，把許多東西拋在後頭。如今一切雄心壯志都已無所謂，成就的意義不再是世俗的成功，應該花時間省思如何善用剩下的日子。最後幾年非常寶貴，必須好好把握，充分利用。我們得謹慎思考新契約的內容。俗話說，有事可忙，有人可愛，懷抱希望，就是幸福。在我們眼中，幸福三要素正是人生的價值所在。

當然，我們屬於幸運的一代。許多人羨慕我們安逸的生活，儘管我們並非一直生活得如此安逸。並非每個人都和我們一樣能自由自在的做這樣的選擇。如果能幸運找到人生伴侶，做這些選擇時都必須考慮到另一半，而且隨著人生的變化不斷修正，否則就無法成功維繫關係。我們經過很長時間才辛苦學到這一課，但非常值得。當別人談到他們的第二段或第三段婚姻時，我有時會半開玩笑說，這也是我的第三段婚姻，但就我的情形而言，另一半始終是同一個女人，一切因此也大不相同。等時候到了，你不妨也試試看。既保持不變，又大不相同。

第十八封信

無法計算的，往往比可以計算的重要多了

沒有計算到的就不算數，俗話是這麼說的。沒錯，人生充滿數字遊戲。舉凡經濟規模、用電量、到飲食中的營養攝取，無一不是用數字來衡量。數字與數字的科學（數學和統計）是除了音樂之外，唯一真正的國際語言，而且即使音樂也只是另一種數字表達的形式。在這個世界上，無論你說的是哪一種語言，人人用的是相同的加法，讀的是相同的圖表，做的是相同的計算，真是太了不起了。因此每個人都應該儘早學會數學的語言，尤其要學習統計。

不過，數字並不可靠，不見得總是說實話，數字不會吐露全部的真相。企業老愛說，員工是公司的主要資產，但企業的資產負債表卻沒有納入對員工價值的估計，他們只會在損益表上將員工列為成本。一個國家的國民生產毛額（GNP）不止涵蓋生產項目，政府與軍隊的支出、道路崩塌造成的成本，以及隨之而來的醫療開支和修理費用，也都計算在內，但這些仍不足以代表整個國家的產出。另一方面，無論是帶孩子、做家事、照顧年老親人，所有這些無償工作都沒有納入國民生產毛額的計算，卻把賣春和販毒業的估值包含在內。統計學家曾經算過，假如你請人來做所有的家庭照護工作，得支付每人兩萬五千鎊的年薪。如果把它納入國民生產毛額的計算，英國的排名會立刻躍升，但其實一切都沒變。除非知道數字是怎麼算出來的，裡面包含什麼，又排除什麼，你無法真正理解數字的意義。

別被數字牽著走

數字很容易受到操弄。關於健康的報告可能指出，如果每天跑步超過四英里，罹患某種腳部疾病的可能性會比一般人高出五〇%，於是喜歡慢跑的人開始擔心。但報告中沒說的是，他們只在百分之一的跑者身上看到發病的情況，而百分之一的五〇%，就不是那麼值得憂慮了。還有，記者可能會用曲線圖來說明貨幣的升值或貶值，但曲線的起點不是零，而是接近平均值的某個數字，結果，大幅縮短的曲線圖誇大幣值的升降幅度。所以，你必須了解你看到的是什麼數字，以及箇中脈絡。

越戰的情況就是明證，美國的參戰主要由國防部長羅伯．麥納瑪拉（Robert McNamara）運籌帷幄，無論依照任何標準來看，麥納瑪拉都功成名就，非同凡響。他是哈佛畢業生，曾任福特汽車公司總裁，後來攀上顛峰，在一九六〇年代擔任美國的國防部長。麥納瑪拉象徵充滿活力與自信的美國人，但他的主要缺點是從數字的角度觀看世界。在當時的背景下，他這樣做的問題在於，越戰是人類衝突帶來的無比混亂，不像工廠裝配線的零件生產，或敵軍友軍的死亡人數那麼明確，但就這個例子而言，麥納瑪拉正是靠死亡人數來評估成敗。由於麥納瑪拉的統計方式沒有將許多看不見的變數納入計算，情況日益失控，社會大眾轉而透過文化上的轉變來反對美軍參戰，反戰文化後來改變美國。雖然美國理論上

「贏」了這場戰爭，到頭來仍是輸家。

社會學家丹尼．楊克洛維奇（Daniel Yankelovitch）總結麥納瑪拉的問題後，稱之為「麥納瑪拉謬誤」（McNamara Fallacy）：

第一步先衡量比較容易衡量的項目。到目前為止，還沒什麼問題。第二步是不理會那些無法衡量的項目，或任意給個數值，這等於在造假和刻意誤導。第三步是假定無法輕易衡量的東西就不重要，這是盲目。第四步則是指出無法輕易衡量的東西根本不存在，這不啻是自殺。

麥納瑪拉甚至欺騙自己。越戰結束後多年，他承認自己曾多次想過，或許美國根本贏不了這場戰爭，但他仍相信他的數字，繼續奮戰。類似的情景也出現在教育界。教師會說，他們想推動全人教育，激發出學生最好的一面。他們也體認到考試成績只能衡量出學生某方面的才能，但由於分數是他們唯一掌握到的數字，所以他們只注重考試成績，而外界也拿成績來評斷教師及學校的表現。其他無法用數字衡量的才華或能力完全遭到漠視。教師雖心知肚明，但為數字和制度所迫，只能把焦點放在可以衡量的才能上，於是這種教育方式逐漸取代全人教育。家長和麥納瑪拉一樣，隱約覺得目前的制度只說出一半的真相，但因希望自己的孩子能在體制內出人頭地，家長也成為共犯。

隨著年歲增長，情況日益惡化。我們如何衡量自己有沒有進步？人生是一場旅程，即使沒有特定目的，我們仍須知道自己身在何處。我們也嚮往幸福，希望愛人和被愛，享受友情的滋潤和有人為伴的喜悅，能出外旅行，欣賞藝術、美食和音樂，享受人生樂趣。我們也許很重視這些事情，卻無法加以衡量。所以我們尋求可替代的衡量指標，例如臉書上按「讚」的數量或推特追蹤者的人數，或假如這件事在我們心目中很重要的話，我們會比較自己和同儕的職銜或薪水。最後，數字本身變得很重要，成為我們戮力追求的目標。

數字會誘導你犯錯

許多企業高階主管明知自己用不了那麼多錢，也應該意識到領取高得離譜的獎金是多麼不得人心，為什麼仍有這種渴望？原因在於，這是衡量成功的最佳指標。如果獎金以慈善禮券的形式發放，他們或許也會心滿意足，只要其他人的獎金都是以同樣形式發放。想想看，公司何需靠獎金來說服主管盡忠職守呢？其他行業都不是如此。我剛踏入職場時，公司也不會這麼做。假如你用金錢定義成功，那麼金錢的數目可能太過耀眼，以至於你根本看不見工作或人生的真正目的。

麥納瑪拉謬誤意味著人生有很多部分被迫落到第二順位或第三順位，包括美與和諧、愛與仁慈、希望與勇氣、誠實與忠貞，所有這些賦予生命意義的特質及反面的特質（欺騙、不誠實），全被掃到地毯下面掩蓋起來。有時候，好人反而落到最後，但這要看你如何定義這場競賽。如果你曉得要怎麼過你的人生，就不會太過擔心那些數字，直到數字誘導你犯錯。

有一天，一名地產商來我家，想收購我們的房子，重新改建。我說我們一家人已經在這裡住了二十年，不會把房子賣掉。他回答，每個人都有價碼，然後出了一個價錢，是我們房子價值的三倍。我瞠目結舌。我可以拿這一大筆錢來做什麼？在更好的區域買棟更漂亮的房子？也許甚至可以買兩棟房子？考慮一分鐘後，我說：「成交。」雙方握手。我走進廚房，告訴內人：「我剛剛賣掉我們住的房子。」她怒吼：「什麼？你沒有權利這樣做。」我告訴她賣了多少錢。「喔，哇！」她和我剛才一樣，被這些數字迷惑。簽約前，我們開始到更時髦的住宅區去物色漂亮的房子，卻找不到像目前的住家這麼寬敞、這麼方便的房子。如果換屋，就得放棄這雜亂破舊但舒適的家所吸引我們的一切。正當我們還在物色新居，對如何花掉這筆誘人財富滿懷期待時，經濟開始崩盤，這筆交易也落空了。

四十年後，我仍然住在這棟自家老宅中，女兒一家則住在房子的另一頭。想到當初假如在經濟崩盤時就順利簽約會是什麼情況，我不禁不寒而慄。和他們一樣，我們也曾因為金錢的數目而變得盲目。

用「差點制度」享受人生

倘若天氣不錯，內人和我每天下午都會一起打網球。我打球是為了贏球，總是密切注意雙方的得分。內人則對於誰贏誰輸、分數多少毫不在意，她只是喜歡打網球。我堅稱假如不算分，比賽就毫無意義，她則認為我搞錯重點了。不管在財務上或球場上，我都需要靠數字（金錢的數目或比賽分數）來評估自己的情況。但多虧內人，我現在不再把數字看得那麼重要。

也許人生應該像打高爾夫球一樣。你可以單純享受打球的樂趣，也可以為了贏球而打球，或兩者皆是。但「差點制度」（handicap system）完全不同，它的意思是，較強的打者得讓較弱的打者幾桿，因此比賽會變得公平些。在競賽中，厲害的高爾夫球打者雖然會因為「差點」而陷於不利位置，卻也可能因此感到自豪。我總認為，我們應該把運動競賽中的差點制度複製在人生各個層面，因為差點會鼓勵你持續求進步，但又不會破壞打球的樂趣。如今我嘗試從高爾夫球員的視角來思考。我喜歡在人生不同層面計分，也有一些基本要求，主要是在財務上，就像差點一樣，盡量保持愈低愈好。不過，球賽本身最重要，任何數字都不應該損害這個事實。內人說得對：打球才重要，輸贏不重要。

對我而言，成功無關乎物質享受。沒錯，我很高興自己有能力吃好住好，但人生的意義並非僅止於此。那麼，我這輩子對什麼最感到自豪呢？有一次記者採訪我時提出這個問題。我說：「嗯，我對自己寫的書感到挺驕傲的，因為有些人覺得能從中獲益。不過，書會漸漸積灰塵，最終被丟進字紙簍。所以，我想我最自豪的是我的家人和孫子女，因為他們會延續下去。我希望他們會做一些很棒的事情，或成為很棒的人。」換句話說，我這輩子成不成功，要透過他人的人生來衡量：包括我的家人，或從我的著作中獲益的人，即使我可能永遠無從得知。我曾經收過一封信，上面沒有地址，也沒有署名，只在一張白紙上寫著：「謝謝。」讀了感覺真好。那是我收過的最美好的信函之一。

第十九封信

人生最後二十五年

你現在或許會覺得不可思議，不過你將來頗有可能活到一百歲。我猜你目前對這封信不會怎麼感興趣，但再過幾年，你就需要開始思考我提出的問題。你生命中的最後二十五年，將是從七十五歲到一百歲的二十五年。目前在你眼中，即使七十五歲都還離得很遠，但我猜等你到了某個年紀，七十五歲將成為「退休」的正常年齡。我把「退休」兩個字加上引號，因為我不認為你會想在人生的最後二十五年從人生舞台上退下來。的確，我猜到那時候，「退休」這個詞早已退休。那麼，等你到了那個年紀，你的人生可能變成如何，這封信反映出我的看法。

一位六十六歲的女性解釋為何她在還不想離職前不得不放下熱愛的工作時說道：「我被退休了，真是一群畜生！」。古怪的是，「退休」兩個字不知怎的變成被動的動詞了，是其他人不顧你的意願要你做的事情。今天，雖然這種情況仍屢見不鮮，但違反員工意願強迫他們退休是非法行為。不過，等其他人看到提高養老金領取年齡的方案，或許反倒會認為她真幸運，居然能這麼早就退休。會這麼想的人都迫不及待想停止工作，他們認為，不再需要強制勞動的人生是純粹幸福的時光。然而務實一點來看，有些人懷疑，想靠養老金來支撐悠閒的老年生活，恐怕是日益褪色的夢想，唯有企業金字塔頂端得天獨厚的少數人，以及願意把大半輩子都奉獻給公家機關的公務員，才有機會享受。

據說問題在於我們的壽命愈來愈長。真奇怪，原本可以多活十年應是恩賜，如今竟被視為問題。不過，如果未能預先看到機會，或沒有做好因應的準備，機會也可能變成問題，而這個問題似乎神不知鬼不覺的找上我們，因為今天的掌權者本身絕對不會受到影響。氣候變遷、退休及養老金問題彷彿正好落入「不會在我有生之年發生」的症候群，只要留給繼任者傷腦筋就好，儘管在這兩種情況中，要有效解決問題，顯然都必須提前四、五十年做決策。

工作vs.生活

事實上，根本沒有養老金危機或退休問題，至少現在尚未發生。今天，五十歲到六十四歲的人有七成還在就業。如果從這個數字來看，似乎有很多人失業，別忘了，即使三十五歲到四十九歲、正值人生巔峰的壯年人口，也只有八二%的人正式受雇，其他人雖然也在工作，但通常在家工作，沒有被納入計算。而五十歲到六十四歲的人當中，目前還在就業的七成人口絕大多數正在逐步累積第二份養老金，他們將擁有自己的房子，而且由於他們的父母是擁有自己房子的第一個世代，他們很可能已經繼承或預期會繼承父母留下的房子。社會上總是有人辛苦打拚，但近十年才剛退休的人絕大多數不是窮人，他們在經歷學習與工作的前兩個人生階段後，即將踏進「生活」的第三階段。對他們而言，未來一、二十年真正是充滿機會的年代。不幸的是，對你們而言卻未必如此，除非很早就開始未雨綢繆。

不過他們仍要面對一個問題（最終你也一樣）：我們要怎麼辦？但不得不面對第一個問題「要靠什麼維生」的，卻是繼起的一代，和在他們之後的世代，也就是你們這一代。對這幾個年齡層而言，儘管未來可以領到較多的政府年金（只不過晚一點領到），但退休後的生活顯然大半得靠自己設法因應。除非逼不得已，雇主不會想辦法，政府也不會強迫他們儲蓄。有些人會存錢，許多人則不會，因為應付今天的開銷壓力已經夠大，明天的問題只好先擺在一邊或延後處理。他們或許不得不一直工作到七十幾歲，甚至八十幾歲。

這樣的命運不見得很差。「工作與生活的平衡」這個說法常遭誤用，事實上，只要你做的是自己有興趣的工作，而且能找到適合的工作節奏，工作不會與生活對立，工作是生活的核心。準確一點的說法是，許多人希望的不是多一點生活，少一點工作，而是在不同型態的工作之間取得更好的平衡。除了為錢而工作之外，我們也會為了愛或責任而在家中或社區工作，同時還有為興趣而做的工作，以及為了增進技能或知識而做的工作。年齡造成的唯一差別是組合方式會改變：年紀愈大，自由選擇的工作愈多，為賺錢而做的工作愈少。

對大多數人而言，工作組合的平衡會隨著人生進程而改變，年紀漸長時，有償工作會日益減少，但不見得完全消失。有人問七十多歲的農民平日的生活狀況，他回答：「都一樣，只是日子過得慢一點而已。」許多人很希望也能這麼說，做自己熟悉的工作，只是改為一星期只工作兩天，而不是五天，可以增加一點收入，但又留一些時間給其他嗜好。假如這是他們的心願，那麼今天的職場正朝著這個方向走。

組織總是不斷重組，吐出大量工作，逼迫員工離開，然後又重新聘用他們為兼職員工或外包人員，凡此種種都增加組織管理的困難度，但企業這麼做往往是為了提高彈性，而且老實說，是為了規避法令加諸企業的某些責任。諷刺的是，有些措施原是為了保護員工利益而設計，比方說，讓企業無法任意解雇員工，卻可能從一開始就阻礙企業雇用員工。英國勞動力已經有四分之一為兼職勞工，還有四分之一是自雇型工作者或任職於一到四人的小公司，他們之中大多數人採取這類工作型態是出於自己的選擇，有些人卻是不得不然，尤其當他們到了一定年紀之後。

潛能比經驗更重要

到了人生最後二十五年，這些都是很好的做法，屆時不再有組織幫忙，幾乎每個人都得為自己的生活負責。到時候，我們必須捨棄待在組織的安全感，換取外面的自由。許多人發現，只要我們身懷一技之長，又懂得自我行銷、訂定價錢、並好好維護自己的專長，這筆交易不算太差。但有一個問題。由於組織通常不鼓勵自主性，因此當我們離開組織時，將會一無所有。我們需要獨立的專業人士一向仰仗的經紀人，付錢請他們幫我們找客戶。這是公會原本可以扮演、卻不去扮演的角色，人力仲介公司聲稱一直有做，成效卻有待改進，這也是公益團體可以承擔的角色。太多人的能力和才華因此備受忽視，受盡煎熬。

有時候，甚至自己也忽視自身的能力和才華。有一位廣告主管近五十歲時遭公司解雇，於是他去尋求轉職顧問的協助。

「你的專長是什麼？」對方問他。

「廣告。」他回答。

「對，但其他呢，因為你的廣告生涯很可能即將告終？」

「我沒法子想像自己做其他事情。」

「你要不要去問十來個很了解你的人，請每個人列出一件你很擅長的事情，再拿這份清單來找我。」

下次碰面的時候，廣告主管承認，他很訝異其他人竟然在他身上看出這麼多特質。「但是奇怪的是，沒有人提到廣告。」

我們的過去可能讓我們看不清未來。

在變化快速的新世界裡，潛能比過往的經驗重要多了，學習能力也比證書資歷重要。不管對最後四分之一的人生，或前面的四分之三人生而言，都是如此。不能再滿足於既有的榮耀。政府的首要之務是坦誠告訴我們未來將會如何，而不是空口說白話，保證未來毫無風險。你我的責任則是為最後四分之一的人生預做準備。

如果能預先設想，務實規劃老後財務和健康的種種細節，在最後四分之一的人生，你可以自由自在，完全做自己，過你一向夢想的生活，充分實現愛默生所謂的成功，以及我在第三封信中勾勒的美好生活。只要環境允許，在人生最後階段仍然有時間脫胎換骨，成為你心目中最好的你。如今環境確實允許我們這麼做，對我們更加長壽的人生而言，這是莫大的恩賜。我從來沒有料到，晚年會是我人生中最愉快的幾年，但事實已經證明如此。

從現在開始注意健康

不過，最後四分之一的人生想要過得好，有一個基本的先決條件：你的健康。如果沒辦法四處旅行，並照顧自己，就不可能享受到愉快的晚年。當然，生命無常，難以預料：疾病、意外、未知的遺傳問題、視力減退、或許還有失智，都可能發生。

老年不見得都很美好，但老年的良好健康狀態往往始於年輕時代。如果中年很健康，老年就會比較健康。道理顯而易見，但是我們處於人生最忙碌的階段時，往往會忘記這個道理。悲哀的是，許多人到了晚年，仍然身體太差、太過貧窮、缺乏一技之長或是抑鬱寡歡，以至於沒辦法好好利用這段多出來的時光。對社福機構和國民保健系統而言，這將是愈來愈艱鉅的挑戰。你如果能盡最大努力，避免成為他們的援助對象，就是最大的貢獻了。

第二十封信

你是獨一無二的

神經科學家奧利佛．薩克斯（Oliver Sacks）曾說過：「從來沒有一個人和別人一樣。」你是獨一無二的。

的確如此，但你究竟是誰？你曉得嗎？要如何才能知曉？

我把這個問題留到後面再談，因為我知道就某個程度而言，這是最叫人探究、也最難回答的問題。我的答案是「白石」（white stone），但讀到這封信最後，你會發現這只能勉強算個答案。

幾年前有一天，我協助內人在鄉間一家小藝廊舉辦攝影展。這場展覽看來相當順利，不需要我再幫忙做什麼，她帶著賓客參觀攝影作品時，我在一旁閒閒沒事做。

有個人走過來說：「照片拍得真美，是不是？」我表示贊同：「是啊。」

然後他說：「請問查爾斯．韓第有沒有跟他太太一起來？」我回答：「有啊！」盡可能顯得謙虛低調。「我就是韓第。」他上上下下打量我好一會兒，皺著眉頭，顯然很困惑，然後說：「你確定嗎？」

我跟他說，問得好，最近我也常問自己這個問題。你要曉得，走在人生路上，查爾斯．韓第曾出現過好幾個不同版本。職涯剛起步時，我在東南亞擔任石油公司主管。他認識當時的我嗎？他會發現我變了很多，我希望是變得有趣多了。或他有沒有聽過我在第四電台主持的廣播節目單元〈今日思考〉（Thought for the Day）？我定期錄製這個廣播節目長達二十年。他或許不知道我長什麼樣子，但可能從我的聲音或從節目的宗教本質有所想像。所以，和他想像中牧師般的形象相較之下，現在的我也許顯得過於圓滑且世俗化。或假如他是我四十年前的學生，那麼也許他記憶中的我，早已被歲月破壞殆盡？

三個自我

他記憶中的我究竟如何，一點也不重要。無論對他或對我而言，問題都在於我已經隨時間而改變。每個人都是如此。人生改變我們，我們也改變人生來適應自己的變化。更複雜的是，在扮演不同角色時，我們看起來很不一樣。你工作的時候和在家的時候是同一個人嗎？怎麼曉得哪一個才是真正的你？

身為人像攝影師，內人喜歡捕捉攝影對象扮演生命中三個最重要角色的身影。她認為，每個人至少有三個不同的自我。她會請攝影對象打扮成不同角色的模樣，表現出不同的自我。她在相同的空間分別為三個自我拍照，然後把照片組合在一起，所以看起來彷彿三個自我正在交談。

她自己的三個自我分別是攝影家、家庭管理者和（我的）經紀人。她在扮演不同角色時看起來有點不一樣。擔任攝影師時，她熱情、專注，不容許任何干擾。扮演一家之主時，她顯得溫暖、機智、有趣，是深受喜愛的奶奶和很棒的廚子及女主人。最後，扮演我的業務經理時，她凶巴巴的，又要求很多，一心一意要為我爭取最佳利益，是有名的惡婆娘。那麼，她是誰？顯然是三者的集合，但究竟何者為重，完全要看她當時置身於哪個人生舞台而定。她原本會希望把所有時間都投注在攝影師的自我，但家務事以及後來的業務問題，都需要她花時間扮演其他自我。

你終究也會有工作、熱情及家庭生活的三種自我，代表三個不同版本的你，他們全部都是你。重要的是體認到在每個人生舞台上，都會有某些事情比其他事情更重要。年輕時你可以做各種實驗，也理應如此。但當你肩負的責任愈來愈重時，也許就需要把更多心力放在工作上。我們都希望人生能圍繞著我們的熱情發展，世上最棒的事莫過於有人付錢請你做你最喜歡做的事情。不過，我要警告你，一旦你將熱情轉化為生意，就會變成煩人的瑣事，毫無樂趣可言。倘若內人把攝影變成賺錢的工具，最後她不是成為婚禮攝影師，就是拍一大堆嬰兒照，完全不是她想做的事情。

找到你的人生核心

還記得我曾經在一場聚會中碰到一名年輕女子。她告訴我，她為電視台寫劇本。我肅然起敬。「別這樣。」她說：「我的劇本從來沒有拍成電視劇。」我有點莽撞的問她：「那你要靠什麼生活？」「星期天我都去包裝蛋盒，精神正常的人都不會這麼做，但工資很高，而且其他時間我很自由。」

這成為我們家常用的代名詞。每當有誰純粹為了錢而工作時，我們就稱為「星期天包裝蛋盒」：為了付帳單而做的工作，藉此換取自由來做自己真正有興趣的事情。能結合熱情和金錢、又有時間陪伴家人的工作十分罕見，即使找得到，金錢往往會排擠其他兩者的重要性。你可以將三者合而為一，成為三位一體。

不過，代表真正的你的這三個自我，是否有個恆常不變的共同核心呢？我們寧可認為一定有，因此我們在轉換角色或穿梭於不同自我之間時，不會改變優先順序，但要確認我們的核心自我為何，並不容易。

內人一向創意十足，她運用攝影才能，幫助別人了解哪些是他們人生中最重要的事，哪些只是次要的事。我在另一封信中曾提過，她會請攝影對象挑選五件物品和一朵花代表自己的人生，然後要求他們把這些東西擺設在桌上讓她拍照。

她將拍出來的作品稱為現代靜物，類似從前的荷蘭虛空派（vanitas）靜物畫。那些畫作以象徵財富的靜物向世人說教，畫中總是包含骷髏頭、枯葉或其他物品，彷彿在提醒世人，世間財富、浮華人生皆是虛空，每個人終究難逃一死。內人的攝影作品則沒有這樣的意圖，但當攝影對象思考應該將哪個物品擺在個人肖像中央時，確實會刺激他們釐清人生到底什麼最重要。你或許也會想試試看。

我的靜物像中有我的著作，以及食物、美酒和義大利，這些都是我的最愛；還有相機鏡頭，代表我的妻子，以及她為我人生聚焦的重要角色，但中央是一座黃色小桉樹的雕塑，看起來像兩滴淚珠。我的孩子為了慶祝我的七十歲生日，特地請人雕刻這個作品。他們說，那兩滴淚珠其實不是淚珠，而是黃金種子，因為我曾幫助他們找到自己的黃金種子。因此，這座雕塑作品不止代表我的孩子與家人，也代表我對黃金種子原則的深層信念。是的，每個人都很特別，都埋藏著一顆潛力的種子，這反映出我對人類抱持的希望，也是我人生哲學的核心理念。把這些象徵性的物品擺在一起，你就會對我的人生有一些概念。

嚴重vs.重要

不過，我一直到年紀較長才有這樣的領悟。我花了很長時間才明白什麼才是真正的我，這個發現自我的過程乃是從另一端開始，先刪除不能代表真正的我的一切。很慚愧，初入職場的頭十年，我努力成為的那個人（比方說，企業經理人）並非真正的我。我不討厭我的工作，但我很快明白，這不是我擅長的事，我對經理人的工作也不特別感興趣。儘管如此，沒有任何人生經驗會白白浪費，等到我後來開始教導將成為企業主管的學生時，我發現這些經驗都能派上用場。剛踏上人生旅程時，我會鼓勵你多多嘗試各種你感興趣的事，你很快就會了解自己適不適合走這條路。即使最後證明這是死路一條，或失敗了，不要擔心，根據我早年的工作經驗，從失敗中學到的教訓比成功時多很多。

對我的具體意義是，我因此明白，我應該釐清生命中哪些事情對我最重要，並且學會分辨重要與必要的事情並不相同。如果你一味專注於必須做的事，就可能忽略該做的事。還記得二十年前，我曾在BBC廣播節目中聽到他們採訪一位義大利記者。當時義大利國會已經崩解，所以BBC在採訪時表示：「對貴國而言，目前情況很嚴重，對不對？」義大利人回答：「沒錯。很嚴重，但不重要。」我熱愛義大利的原因之一是，他們本能的懂得嚴重和重要的差別，因此治理這個國家很不容易，但在義大利生活卻充滿趣味。

領受白石

我很快發現，人生是一場發現的旅程，是自我發現的旅程。

不過，假如你一直沿著安全而熟悉的舊路前行，就不可能有任何發現。必須勇於探索，才能有所發現。旅程通常都有既定目的，然而探索者對於旅途中會有何發現，以及最後會抵達何處，都只有模糊的概念。人生也是如此。我曾經在地上種了兩排栗樹，希望擋掉汽車發出的噪音。朋友來看我們時說這也勉強算一條大道，接著又說：「是一條不知往何處去的大道，就像人生一樣。」我想，他是在半認真的思考自己的人生，然而對其他許多人而言，他的話可能也是對的。在人生旅途上，有沒有任何人真的曉得我們試圖往哪裡去？或唯有在抵達目的地時，我們才會有所領悟？也許「死亡賦予生命意義」的意思正是如此。

有個思考人生目的的方法是假設自己活到高齡，想像一下至交會在你的喪禮上發表什麼悼詞，因為是悼詞，沒有人會說往生者的壞話，更何況他是你最好的朋友。因此悼詞說的都是好話，也許夾雜著幾則充滿感情的笑話。你覺得他們會說什麼？我曾經聽過許多這類悼詞，沒錯，內容都會觸及往生者過去的傑出成就，但這些許久之前就已成過眼雲煙。因此大部分的悼詞都是關於往生者是什麼樣的人，如何活在大家的記憶裡，以及他們留下什麼。當你的人生剛起步時，做這樣的練習很奇怪，但這樣做確實是思考人生最終目的的另一種方式。

我在桌上放了一顆白石，提醒自己《聖經》〈啟示錄〉（Revelation）中一首奇怪的詩：「得勝的，我必將那隱藏的嗎哪賜給他，並賜他一塊白石，石上寫著新名；除了那領受的以外，沒有人能認識。」

我不知道這首詩的正確涵義為何，但我的詮釋是，如果我在人生中獲得成功的話，我將贏得特別為我創造的新名。換句話說，我終於真正做自己，而不只是繼承另外一個人的名字，遺傳他的基因。也就是說，如果我或多或少留下自己的印記，充分發揮潛能，讓我的一生不虛此行，唯有到那時候，我才有資格領受白石。唯有你才知道自己是否已經獲得白石，這是很私密的事，非榮耀或讚譽所能界定，但領受白石時自己會曉得。我希望你拿到你的白石。

第二十一封信

別留下遺憾

和詩人濟慈一樣，長久以來，我「幾乎愛上安逸的死亡……不覺痛苦，在午夜安息。」然而，我也祈求能有幾天，在身體虛弱但神智還清楚的時候，花幾小時和我的摯友，並在最後和你們，我深愛的孫兒，一一話別。我會珍惜這個道別的機會。

有機會認識你們，對我而言是莫大的恩典。我的祖父母和外祖父母中，我只見過其中一位，但她在我年幼還不會說話時就過世了。看著你們漸漸長大，走向世界，實在很有趣。你們是我留給世界的最後禮物，我以你們為榮，你們在迄今為止的短短生命中達到的成就，以及日後可能達到的一切成就，都令我驕傲。我很欣賞你們在祖母喪禮談話時表露的自信，顯然你們遺傳我們家族中某些表演才華。但更重要的是，我可以感覺你們已然領悟到，寬容體貼能贏取友誼，博得尊重。我知道你們會為我爭光。我唯一的遺憾是沒能看你們長大成人，羽翼豐滿。

我們最後的相聚不會是悲傷的場合。我的一生漫長而美好，但所有的一切即使是好事，終究都會走到盡頭，如今我已疲憊。自從你們的祖母過世後，我的人生彷彿跛了腳，獨自走下去變得十分痛苦。在我眼中，死亡是一場長眠，只是永遠不再醒來。我樂意想像，或許在這場長眠中，我能以某種方式再度見到你們的祖母，但我知道這只是我戀戀不捨所作的夢。我每天都在心裡和她說話，她也和我說話。死亡只是故事的結尾，你也曉得，故事沒有結尾是行不通的。

因此，我們會面的時候，我會問你們對自己的人生故事懷抱哪些希望，你們如何看待十年後的自己，屆時會做什麼，住在哪裡，還有和誰在一起。我喜歡想像你們這一代將解開我們這一代和下一代所遺留的混亂局面。我大膽相信你們的價值觀將勝過我們，你們比較不那麼自私，會更懂得關照比你們不幸的人，也更意識到環境問題的重要，知道必須好好保護環境；你們會比我們更仁慈，更能包容不同的生活方式。

我們也得為自己辯護，我們生活在不同的時代。我們成年時，第二次世界大戰才剛結束。當時我們很確定自己會像上一代一樣，不到二十年就陷入另一場戰爭，只是面對的是新的敵人，拿著更可怕的新武器。我有兩個同學在一九五〇年代的韓戰中喪命，那個年代每個男人都服過兩年兵役，周遭瀰漫著戰時精神。我覺得自己幾乎不可倖免，一定會在三十歲前就喪命。回頭來看，難怪我們如此自私、短視、急著在生命終結前逃離戰場。二十年後，希望的花朵在一九六〇年代末綻放，各國競相航向月球，而不是開戰。但此時我已結婚，有妻子和兩個小孩要養。

沒有保障的自由

相較之下，你們很幸運。可以合理預期，你們將會活到將近百歲。除非出於自己的選擇，否則你們不太可能需要打仗。只要好好照顧自己，你們應該會很健康。你們會比我受到更廣泛的教育，過著更豐富的居家生活。我無意藉此批評我的父母，他們在戰時撫養我們長大，當時的英國民生凋敝，網路與電視等現代炫目科技都還不可得。此外，你們可以想去哪就去哪，做自己想做的事，和喜歡的人住在一起，甚至決定自己在別人眼中的性別。今天的世界比我所知的世界自由多了，即使某些偏見依然存在。

當然，自由的另外一面是缺乏安全保障。我一直記得我在一九六一年初次造訪莫斯科的情形，當時會去莫斯科的人寥寥無幾，唯一可以搭乘的班機是從哥本哈根起飛的俄羅斯航空（Aeroflot）。由於我是個人遊客，無論去哪裡，導遊都必須跟著我。幸運的是，她是個和我年紀相仿的美麗年輕女子，我們相處融洽。她有一度曾問我：「聽說在貴國，你們必須自己找工作做，自己找地方住，是真的嗎？」「是啊，」我回答：「我們稱之為自由。」她說：「我覺得很可怕。」

她說得沒錯。從秩序井然的社會搬到注重個人自由的社會，一定很可怕。

在我的時代，英國還是個半有秩序的社會，傳統產業和大型組織會為大多數人提供工作和訓練。你得自己去應徵，但工作機會還不少。兒子追隨父親下到礦坑或進入鋼鐵廠工作，企業提供終身職涯發展，軍隊和政府部門都需才孔急。和我年齡相仿的人無論教育程度為何，都因為選擇太多而眼花撩亂。

當時的自由附帶了提供保障的承諾。但這樣的承諾已不復存在。今天仍有做不完的工作和待發掘的工作，但更多工作需要靠自己安排。這是為自由付出的新代價。我希望這些信提出的某些想法會帶來一些幫助。相信自己，不要害怕犯錯，即使需要付出代價，仍然堅持說真話，別忘了俗話說：幸福（亞里斯多德眼中的幸福）就是有事可做，有所期盼，有人可以愛。

實用的六個小提示

接下來是一些實用的小提示，或說得更清楚一點，我要談的是但願我曾經做過的事情，所以請為我完成這些心願：

一、精通一門外語

希望你們能把一種外語說得很流利，或許唯有到那個國家長住和工作才辦得到。雖然學中文和西班牙語最有用，但你們想學哪一種外語都無妨。據說如果你愛上當地人會挺有幫助的，只要他或她不是把你當成英文老師就成。我從來不曾學好任何外語，不到可以和別人流利長談的地步。我遲遲未去做，拖得太久，後來一直很後悔。沒錯，大家都會說英文，但除非你能用別人的語言和他們交談，否則無法真正了解他們。

二、熟練一種樂器

最好趁年輕的時候學會一種樂器。音樂和數學都是國際語言。無論在任何地方，每個人都無須靠翻譯就能讀懂音樂和數學的語言，而且兩者還彼此相關。我還記得六歲大的兒子要我教他看樂譜時，我感到很慚愧，坦承我看不懂。他訝異的說：「什麼？你不會看樂譜？」他認為看樂譜就像看信一樣，應該人人都會。學習音樂讓他們接觸到另一個世界，是我能欣賞、卻不了解的世界。

三、學會一種個人運動

還要趁年輕的時候學會一種個人運動。團隊運動很棒，但除非你是職業運動員或很有天分的業餘運動員，否則一旦踏出校門，就會逐漸停止這種運動。然而像網球、高爾夫球、羽毛球、甚至槌球這類個人運動，就能持續終生，而且可以透過這種特殊的方式兼顧交友和運動。我太晚才開始學打網球，養成一些壞習慣，打得也不好，現在可後悔了。

四、別荒廢寫日記的習慣

勤寫日記。西元二世紀的偉大羅馬皇帝馬可．奧里略（Marcus Aurelius）不但在日記中記錄日常活動，還寫下自己從中得到的領悟，以及如何為未來的挑戰預做準備，他稱為《沉思錄》（*Meditations*）。我大力推荐你們找時間讀一讀。更重要的是，模仿他的做法。我很久以前就發現我必須把東西寫下來，才明白自己在想什麼。每週回顧一次自己做了哪些事情，有哪些地方可以改進，或從中領悟到什麼，都能幫助你為工作和人生設定正確的優先順序。皇帝用了有效的方法，可能對你也管用。

五、別忘了談戀愛

談戀愛。喜歡別人甚於自己是奇妙的經驗。在為別人付出時，你會找到更深的滿足感，勝過一般的享樂。你可以談好幾次戀愛。我就是如此。不一定要和你的初戀或第二個戀人結婚，或甚至和任何人結婚，雖然我曾經說過，我覺得婚姻關係威力強大。我談的不是性關係。性不是愛，雖然有時候非常吸引人。請不要將性與愛混為一談，而且絕對不要為了性而結婚。

六、謹記亞里斯多德的美德

最後，別忘了亞里斯多德提到的美德，尤其是勇氣，無論如何，都要挺身捍衛自己的信念。但也要記得他的黃金中庸之道，勇敢過了頭有時會變成傲慢自大。

今天的雇主重視品格甚於技能，他們認為技能還可以教，但品格卻必須一開始就具備。就我所知，亞里斯多德列出的諸多美德是品格的最佳定義。

那麼，我要對你們和讀到這幾封信的其他人說再會了。

願你們的人生過得充實、愉快、有意義。最後，願你們不會因為未竟之事留下任何遺憾。

致謝

寫書是一回事，出版卻是另一回事。我的經紀人托比・蒙迪（Toby Mundy）微妙的暗示，首先使這個想法成形，而我的編輯、企鵝藍燈書屋（Penguin Random House）的尼爾・威爾考克森（Nigel Wilcockson）的創意眼光、精心管理與對細節的細心關注，讓這本書成真。我非常感謝他們，以及所有在背後幫助這本書出版的人。

我的妻子伊莉莎白（Elizabeth）在這本書完成之前就去世了，但她大力鼓勵我寫這本書。他的想法和價值觀遍及在這些信件中。她深深影響我的生活和思考，對此我永遠深表感謝。

財經企管 BCB700

你是誰，比你做什麼更重要
英國管理大師韓第寫給你的21封信
21 Letters on Life and Its Challenges

作者 —— 查爾斯·韓第　Charles Handy
譯者 —— 齊若蘭

總編輯 —— 吳佩穎
書系主編 —— 蘇鵬元
責任編輯 —— 蘇鵬元、王映茹
封面設計 —— 張議文

出版人 —— 遠見天下文化出版股份有限公司
創辦人 —— 高希均、王力行
遠見・天下文化 事業群董事長 —— 高希均
事業群發行人／CEO —— 王力行
天下文化社長 —— 林天來
天下文化總經理 —— 林芳燕
國際事務開發部兼版權中心總監 —— 潘欣
法律顧問 —— 理律法律事務所陳長文律師
著作權顧問 —— 魏啟翔律師
社址 —— 臺北市104松江路93巷1號
讀者服務專線 —— 02-2662-0012｜傳真 —— 02-2662-0007；02-2662-0009
電子郵件信箱 —— cwpc@cwgv.com.tw
直接郵撥帳號 —— 1326703-6號　遠見天下文化出版股份有限公司

電腦排版 —— 李秀菊
製版廠 —— 東豪印刷事業有限公司
印刷廠 —— 祥峰印刷事業有限公司
裝訂廠 —— 精益裝訂股份有限公司
登記證 —— 局版台業字第2517號
總經銷 —— 大和書報圖書股份有限公司｜電話 —— 02-8990-2588
出版日期 —— 2020年6月30日第一版第1次印行
2023年5月15日第一版第14次印行

國家圖書館出版品預行編目（CIP）資料

你是誰，比你做什麼更重要：英國管理大師韓第寫給你的21封信／查爾斯．韓第（Charles Handy）著；齊若蘭譯. -- 第二版. -- 臺北市：遠見天下文化，2020.06
256面；14.8×21公分. --（財經企管；BCB700）
譯自：21 Letters on Life and Its Challenges
ISBN 978-986-5535-21-6（精裝）
1. 人生哲學　2. 成功法
191.9　　109008065

定價 —— 400元
ISBN —— 978-986-5535-21-6
書號 —— BCB700
天下文化官網 —— bookzone.cwgv.com.tw

天下文化

BELIEVE IN READING